Für Patrick

Über den Essay: Ein neues Buch stärkt die Position der Armen und dreht den Spieß um. Speed zeigt in seinem Essay eindringlich, provokant und intelligent, wie Armut in Volkswirtschaft, Politik und Kultur missverstanden und Entwicklungspotenzial in der Gesellschaft dadurch verhindert wird. Armut ist selten auf diese Weise beschrieben worden, von einem der sie aus eigener Erfahrung kennt und sich zugleich seit Jahren mit Gesellschaftsentwicklung befasst. Er gibt den Armen ihre Kompetenz zurück und fordert eine Wirtschaft, die sich mehr auf kreative Prozesse einlässt und aufhört die Armut zu dämonisieren.

Speed entlarvt die traditionellen Vorurteile, Missverständnisse und Rollenbilder in der Armut und auch, wie diese von den Eliten benutzt werden, um die Meinungsmacht in der Gesellschaft zu lenken. Finden die Armen zur verbotenen, inneren Stärke, ergründen ihr entwertetes Wissen, durch welches Gesellschaft hinterfragt und neu gestaltet werden kann, werden auch ihre natürlichen Kompetenzen sichtbar, die teils bewusst vom Markt ausgeschlossen werden. In diesem Prozess der bewertungsfreien Bewusstmachung von tieferen Zusammenhängen, muss der Gesellschaftsvertrag, die Beziehung zwischen Armen, Arbeitern, Unternehmen, Eliten und Staat neu und gleichberechtigt verhandelt werden.

Speed lebt hier einen selbstbewussten Verarmten vor, der Ansprüche stellt und von der anderen Seite der Armutserfahrung erzählt. In seinen „systemkreativen“ Ansätzen und Prozessen zeigt er auch Antworten auf die Frage, wie neue Märkte, ja eine ganz andere Ökonomie, durch einen offeneren Umgang mit der Armut entstehen könnte. Eine verdrängte Perspektive, die gesehen und deren Stimme gehört werden sollte.

Stärke in der Armut

Bibliografische Information der Deutschen Nationalbibliothek:
Die Deutsche Nationalbibliothek verzeichnet diese Publikation in der Deutschen Nationalbibliografie; detaillierte bibliografische Daten sind im Internet über www.dnb.de abrufbar.

5.Auflage 2021
Herstellung und Verlag:
BoD – Books on Demand, Norderstedt

ISBN: 9783753445847

http://www.timothy-speed.com
info@timothy-speed.com

Vorwort

Der 1973 geborene britisch-österreichische Künstler und Schriftsteller Timothy Speed beschäftigt sich in seinen Essays, Performances, sozialen Projekten und literarischen Arbeiten mit der Rolle von selbstbestimmten, unangepassten und kreativen Menschen, in wirtschaftlichen und staatlichen Strukturen. Er setzt sich mit Veränderungs- und Entwicklungsprozessen auseinander, löst diese mit ungewöhnlichen Ansätzen selbst aus, oder begleitet sie. Gerade in Zeiten, in denen Individualismus von Angst verdrängt wird und ein übertriebenes Sicherheitsbedürfnis die kreativen Potenziale und notwendigen, krisenhaften Bewusstwerdungsprozesse verhindert, bekommt seine Kapitalismuskritik hohe Relevanz und Bedeutung.

Viele Jahre hat er die inneren Mechanismen von kreativen und freien Gesellschaftsordnungen untersucht und entwickelte 2003 in dem Buch »Gesellschaft ohne Vertrauen« eine eigene Theorie dazu, wie die Teilhabe vielfältiger, kritischer, unangepasster Menschen, in einem System gefördert werden kann und weshalb dies für die Realitätskompetenz und Entwicklungsfähigkeit einer Gesellschaft entscheidend ist. Er zählt zu den Pionieren im Bereich der »systemkreativen« Gesellschaftsgestaltung und eines authentischen »Diversity-Managements«. In seinen Ansätzen wird die Gesellschaft nicht mehr aus von Eliten gesteuerten, halbbewussten, politischen Ritualen gestaltet, sondern in individuellen Prozessen ergründet und umfangreich diskutiert. Die Bedeutung kreativer und systemischer Intelligenz wird erlebbar. Dafür braucht es laut Speed IndividualistInnen und Menschen die sich subjektiven und inneren Impulsen hingeben, welche die Strukturen auf der Werte-, Wissens- oder Identitätsebene, durch neue Perspektiven oder Irritation ausreichend destabilisieren, um Entwicklung und echte, demokratische Prozesse zu fördern.

Darum spricht er von einem Recht auf Krise und fordert ein positives Verständnis von abweichendem Verhalten, um komplexere Ordnungen entstehen zu lassen.

Wirtschaftswachstum tauscht er gegen Gestaltungskraft, weil die Frage was Menschen individuell im Leben gestalten können mehr über den realen Wohlstand in einer Gesellschaft aussagt und negative Erfahrungen nicht entwertet, sondern integriert.

Bereits im Jahr 2000 analysierte er in »Verdammt Sexy« die Probleme für Wirtschaft und Gesellschaft, die aus zu viel Konformismus und Zwang zum Harmlosen und Glücklichen resultieren. Mit dem Medienforscher Neil Postman diskutierte er die Frage, mit welchem Recht die Medienmacher die Realität gestalteten. Schon hier zeigte sich seine Suche nach der authentischen Gestaltung einer Gesellschaft und nach neuen Strukturen, welche diese begünstigten.

Später entwickelte er mit dem Managerberater Markus Maderner eine der ersten Managementmethoden, welche bewusst die Komplexität nicht reduziert, um das Management scheinbar zu erleichtern, sondern die Vielfalt sucht und integriert, also lernt damit zu arbeiten. Dadurch kann näher an der Realität, näher am Menschen gestaltet werden und automatisierte Strukturen, die zu gigantischen Nebeneffekten, wie Umweltzerstörungen, Ignoranz oder sozialen Problemen führen, werden durch die in dem Buch »Inner Flow Management« entwickelten Haltungen, von einer bewussteren Form der Unternehmensführung abgelöst.

Speed zeigt auch auf, wie erst durch den Weg zum Amateurhaften, Persönlichen, Angreifbaren und Subjektiven echte Innovations- und Entwicklungsfähigkeit möglich wird, da die überprofessionalisierte Wirtschaft sich in ihrem Zwang zur Simplifizierung und zum normierten Verhalten selbst von der Quelle neuer und unmittelbar realistischen Einsichten abschneidet. Dies hat primitive Systemstrukturen zur Folge, die zunehmend Vielfalt entwerten und ausgrenzen. Für Bewegung notwendige Entwicklungsenergie geht in zu viel Ordnung verloren. Seine Arbeit entlarvt jene Spielart des Kapitalismus, die Gesellschaft und Wirtschaft nachhaltig zerstört und in einer falsch verstandenen Effizienzmanie mehr Freiheit, die Grundlage von Fortschritt, verhindert.

Aus diesen Überlegungen heraus versuchte Speed 2010 selbstbeauftragt, als Künstler das Unternehmen Red Bull umzugestalten. Er drohte vor der Zentrale in Fuschl einen Stier zu töten, um einen subjektiven Prozess auszulösen, in dem die Beziehung zwischen Unternehmen und Mensch neu verhandelt werden sollte. Er wollte sehen was passiert, wenn ein Individuum sich mit allen Aspekten der eigenen Persönlichkeit in die Wirtschaft einbringt, diese komplizierter, komplexer, vielfältiger macht und sich zugleich im Dienst der Innovations- und Realitätskompetenz weigert ein geschmeidiges, ein einordenbares Produkt zu werden. Weil er in der subjektiven Differenz, im Nicht- oder Missverstehen, im unangepassten Verhalten, die Chance der Erweiterung der Existenz und der Lebenswirklichkeiten sieht.

Zitat Speed: *»Für eine Woche waren die Leute bei Red Bull gespalten. Sie wussten nicht, ob sie als Mensch oder als Funktion auf mein Handeln reagieren sollten. Ich hatte das Gefühl, dass der Mensch in ihnen mit mir den Stier töten wollte, während der Anwalt, der Milliardär, der Manager, der aus ihnen sprach, dies um jeden Preis verhindern musste. In dieser Woche gehörte das Unternehmen allein dem an der Welt zweifelnden Menschen. Der Gewissheit, dass jeder von uns einen Konzern bezwingen, gestalten und verändern kann.«*

In einer Welt, in der sich Firmen durch einseitige Kommunikation in der Werbung und hierarchischen Machtstrukturen dem Bewusstwerden jener Verstrickungen, jener verborgenen Zusammenhänge, jener Auswirkungen verweigern, an denen immer mehr Menschen leiden, kann Arbeit, Staat und Gesellschaft vom Persönlichen nicht mehr getrennt werden, ist alles mit allem in Beziehung. Hier lebt Speed eine Form radikaler Beziehungsfähigkeit mit der Gesellschaft und den Unternehmen und stellt sich den sensiblen Wahrnehmungen, dem persönlichen Schmerz. Dabei entstehen neue Lebensräume aus subjektiver Kommunikation, in Welten kommerzieller Gleichschaltung. Für ihn die Grundlage innovativer Wertschöpfung, Authentizität und Menschlichkeit.

Somit wird durch die eigene Sperrigkeit mehr Entwicklungspotenzial in der Wirtschaft vorgelebt, als Grundlage neuer Märkte.

Speed forderte den Konzern heraus, sich durch den Menschen hindurch komplexeren und freieren Ordnungen, Weltbildern, Möglichkeiten zu stellen. Er zeigt wie Prozesse richtig umgesetzt werden, damit beispielsweise auch die einzelne Person im individuellen Schmerz sein darf, sich nicht in der Anpassung als innovative und die Wirklichkeit reflektierende Ressource selbst zerstört und daraus neue Bedürfnisse und Märkte nicht entstehen können, die sich in einem bewussten Zusammenspiel zwischen Individuum, Struktur und Umwelt herausbilden würden. Das aber braucht Zeit und Raum. Eine Verantwortung der wir uns stellen müssen, wollen wir nicht die Krisen der Vergangenheit wiederholen. Zwanghaft festhalten an jetzt schon nicht mehr funktionierenden Strukturen.

Später schrieb Speed den Roman »Stieren des Weltdesigners«, in dem eine Gruppe von Individualisten in einem Bus zu Red Bull fahren, um selbst zur Krise zu werden. Damit sie wieder selbstbestimmt ihr Leben gestalten können, sich durch sie hindurch eine komplexere, vielfältigere Ordnung ausdrücken kann, in der auch Probleme sichtbar und Beziehungen gestaltbar werden. Sie eben nicht in Kommerzwelten ihre Integrität verlieren und von einer vermeintlichen Krise vor sich her getrieben werden.

2014 wurde der Roman aus Angst vor Red Bull vom Verlag zensiert und aus dem Buchhandel entfernt.

Timothy Speed entspricht in seiner Arbeit nicht traditionellen Vorstellungen von Literatur. Er lebt in literarischen Kunstfiguren subjektive Beziehungen zu Unternehmen und Behörden, überhöht und verzaubert dadurch die Wirklichkeit und zeigt in seinen Texten die Zerrissenheit der menschlichen Seele, in Zeiten von Konformismus und dem Zwang zur Produkthaftigkeit. Im subjektiven Unbewussten entschlüsselt er tiefer liegende Zusammenhänge einer natürlichen Ordnung, auf der sich kreativere Wirtschaft und Gesellschaft begründen lässt. Speed erzeugt Irritation, macht bewusst dramaturgische Fehler, lebt Themen subjektiv aus, macht sich angreifbar, um den Blick für das Neue und Unmittelbare zu schärfen. Da Speed mit seiner eigenen Existenz versuchte eine neue ArbeiterIn vorzuleben, die

sich der Simplifizierung, Effizienzsteigerung verweigert, um die Zerstörung der Vielfalt zu stoppen, war es nur logisch, dass er dabei pleite ging und somit auch für den Staat zu positivem Sand im Getriebe wurde.
Vom Arbeitsamt schikaniert und völlig verarmt, schrieb er den Essay »Stärke in der Armut«, in dem er die zweifelhaften Hartz IV Gesetze im Namen der Kunstfreiheit aushebelte und seinen fehlenden Gehorsam zu einem Wirtschaftsförderungsprogramm erklärte. Damit brachte er die Ministerin Andrea Nahles in Bedrängnis und gab den Armen die Wirtschaftskompetenz zurück, die ihnen strukturell in der Armut genommen wird.

Speed zählt zu den wichtigen Querdenkern einer neuen Ökonomie und integrierenden Gesellschaftsgestaltung. Ja eines mutigen und kreativen Menschen, der die Krise nicht scheut.
Die NGO »Dropping Knowledge« lud ihn 2006, gemeinsam mit Wim Wenders, Jonathan Meese, Masuma Bibi Russel oder Bianca Jagger, an den größten runden Tisch der Welt ein, um die 100 bedeutendsten Fragen der Menschheit zu beantworten. Eine Zeit arbeitete er für die Organisation des amerikanischen Präsidentenberaters Don Edward Beck. Als Speaker spricht er vor Top-Managern, macht Workshops, begleitet Prozesse, provoziert und regt zum Nachdenken an.
Das Büro des Vizepräsidenten des Europaparlaments Othmar Karas schrieb zu »Stärke in der Armut«: »*Herr Mag. Karas schätzt Ihren Text sehr, da Sie versuchen ein Verständnis bzw. ein Bewusstsein für Ihre Situation und die von vielen anderen, zu schaffen. Besonders den Aspekt – die volkswirtschaftliche Verantwortung und Wertschöpfung aus einem ganz anderen Gesichtspunkt heraus zu beobachten, ist ihm ins Auge gefallen…*«

Stärke in der Armut

Ein Essay als Entwicklungsprozess.
Von Timothy Speed

Der selbstbewusste Arme. Eine Anmaßung?

Es liegt eine tiefe Wahrheit darin, dass die Armut nur von den Armen überwunden werden kann. Ich selbst befinde mich seit geraumer Zeit als Künstler in einer Situation großer wirtschaftlicher Armut und habe zeitweise nicht genug Geld, um mir etwas zu essen zu kaufen. Kälte und die Erfahrung von Wohnungslosigkeit sind mir vertraut. Dies mag Sie erschrecken, denn zum Fluch und Segen der Armut, falls man das sagen kann, zählt eben auch ihre Unsichtbarkeit in modernen Gesellschaften. Die Armut steht im Widerspruch zu den meisten Grundannahmen, welche wir von den „weiter entwickelten" Industrienationen haben. Unsere Stellung, unser Weltbild, unsere politischen Überzeugungen müssen sich in einem Land, indem es scheinbar kaum Armut gibt, weniger einer transparenten Diskussion stellen, als dort, wo Ungerechtigkeit und dessen Verursacher für jeden sichtbar sind. Der Besitzstand muss nicht die durch moralische Diskussionen oder neue Gesetze erzwungene Umverteilung fürchten, solange die Armut als ein Randproblem betrachtet wird, um welches sich Behörden kümmern, welches angeblich durch das Versagen von anderen, besonders den Armen selbst erzeugt wird.

Überhaupt ist Armut dort kein Thema, wo der Staat glaubhaft machen kann, sich für den Bürger um den Abbau derselben zu bemühen. Gerechtigkeit wird an dieser Stelle bereitwillig institutionalisiert, anonymisiert und mit geordneten Verhältnissen verwechselt, dem Zwang zur Unauffälligkeit. Was dahinter an neuer Ungerechtigkeit passiert, bleibt auf bequeme Weise unsichtbar. Wo diese Täuschung gelingt, sehen wir nicht mehr genau hin, achten nicht auf die Vorgänge in Jobcentern, Kinderheimen, Jugendämtern oder Firmen, die Menschen unter unmenschlichen Bedingungen beschäftigen.

Was ich Ihnen heute anbieten will, ist das bisher noch unentdeckte, verschmähte Wissen der Armen selbst, sowie eine neue Form der gemeinsamen und bewussten Gestaltung von Gesellschaft. Es wird Sie vielleicht nicht überraschen zu erfahren, dass viele Hindernisse in Wissenschaft, Kultur und Wirtschaft auf den Mechanismus der Armut zurückzuführen sind. Der Mangel an Geld ist überall spürbar. Worum es mir hier geht, ist eine mögliche Entfesselung der kreativen Schöpfungskräfte des Menschen, die ich im Mechanismus der Armut blockiert sehe. Dabei verfolge ich einen neuen Ansatz, der wirtschaftliche und kulturelle Innovation mit tieferem Verstehen der Armutserfahrung verbindet. Dies meine ich wesentlich radikaler und umfassender, als es vielleicht klingt.

Die Armut ist ein besetztes Land und die Armen sind ein besetztes Volk. Wer dieses Land beherrscht und darüber die Deutungshoheit einnimmt, kann damit die Geschicke der Welt lenken. Denn mehr noch als mit Geld, ermöglicht es die Dominanz darüber, wie die Armen gesehen werden sollen, seien es Individuen oder ganze Länder, viele der anderen Bereiche der Gesellschaft zu manipulieren. Mit fein gestreuter Angst aber auch über Wertestrukturen und Mechanismen der Zugehörigkeit und des Anpassungsdrucks. Die subjektive Perspektive eines Menschen in Armut kann darum ein Hebel sein, welcher überholte Überzeugungen mit den erlebten Realitäten abgleicht, der im übertragenen Sinne Kontinente verschiebt.

Dass dieses Angebot eines zivilisatorischen Fortschritts von einem „Verarmten“ kommt, mag Ihnen merkwürdig erscheinen und diese Irritation kann nicht nur für die Menschen in schwierigen Lebensumständen eine Form der Befreiung aus statischen Rollenbildern bedeuten. Findet die Arme zur Stärke, schwindet der nicht selten heuchlerische moralische Druck, der auf uns allen lastet, zu helfen. Gleichzeitig wächst unsere Verantwortung zur Mitgestaltung auf Augenhöhe, zu Respekt gegenüber Menschen, die versuchen aus schwierigsten Situationen das Beste zu machen und gegenüber jenen, denen man wegen ihres Elends derart zusetzt, dass sie uns als frustrierte Zeitgenossen, als Aggressoren erscheinen. Eine Respektlosigkeit, die entsteht, da wir die dahinter liegenden Zusammenhänge missverstehen.

In diesem Essay will ich eine Lanze brechen für jene Geschenke an das Gemeinwohl, die zwar zum Prozess breit angelegter und darum für eine offene Gesellschaft notwendiger Wertschöpfung gehören, aber nicht selten in der Gestalt der Destruktion erscheinen. Jene Geschenke, die nicht weniger wertvoll für die bewusste Gesellschaftsgestaltung sind als der uns nicht selten zurecht langweilende Tugendterror der ewig fleißigen Bienchen, die sich durch ihre Regsamkeit jenem Diskurs zu entziehen versuchen, in welchem vielleicht verstehbar würde, dass auch in den verachteten Handlungen und Ergebnissen wichtige Beiträge zum Gesamten zu finden sind. Nur ist ihre Sprache eine andere. In ihrer richtigen und missverstandenen systemischen Verortung liegt ein Land von gewaltiger Größe, ein Universum voller unentdeckter Ressourcen und Überraschungen, die bisher im mechanischen und linearen Denken vieler Wirtschaftstreibender unbemerkt blieben. Die Armut, wie ich Sie Ihnen darlegen will, ist wie die Entdeckung Amerikas durch Columbus. Zunächst unterschätzt. Am Anfang nur eine Frage von Gold und materiellem Reichtum. Erst später wird verstanden, dass die daraus resultierenden Veränderungen, im positiven wie negativen Sinne, alle Bereiche der Gesellschaft erfassen. Von der Wissenschaft, über die Kultur bis hin zu den Lebensbedingungen.

Sehen Sie es bitte als Chance, dass ich von Ihnen erwarte mich nicht als Opfer zu betrachten. Was nicht zwangsläufig Gefühllosigkeit zur Folge hat, sondern ich Ihnen viel mehr als gleichberechtigter Partner begegne, indem ich ein Mitmachendürfen einfordere. Allerdings mit dem Recht auch eigene Ansprüche, Vorstellungen und Antworten zu haben. Wertvolle Entdeckungen, die ich erlangt habe, weil ich durch die Erfahrung der Armut gegangen bin.

Möglicherweise ist es Ihnen unangenehm, dass ich als Schriftsteller aus der Position der Armut zu Ihnen spreche. Sie kommen sich vielleicht dumm vor. Hören Sie einem Armen zu, oder einem Schriftsteller? Was bedeutet dies für den Wert meiner Worte?

Sie schämen sich möglicherweise sogar, dass dies passiert, im Land der Dichter und Denker.

Hier möchte ich Sie bitten genau hinzusehen, nicht wegzuschauen, sich nicht einzureden, ich käme leicht aus dieser

Armut heraus, weil ich mich ausdrücken kann, weil ich Gehör finde, weil ich mich gewaschen habe und kreative neue Ideen einbringe. Dies ist kein leichtfertiges Experiment, sondern etwas, von dem auch ich dachte, es könne mir nicht passieren.

Tatsächlich sind viele meiner Talente und guten Absichten der Grund, weshalb ich verarmt bin. Ein Zusammenhang, der Sie vermutlich irritiert. Gesellschaftliches Engagement, Idealismus, Wagemut für eine gute Sache, können genauso zu Armut führen, wie die Gründung eines Unternehmens mit guter Absicht in den Ruin führen kann. Das „Richtige" zu tun und etwas zu leisten ist kein Garant für Wohlstand. Heute weniger denn je.

Das mag Sie erschrecken, ja beunruhigen. Es kann aber auch neue Haltungen ermöglichen, in denen Chancen liegen. Erwarten Sie von mir keinen kurzen Weg. Diesen gibt es nicht.

Ich versuche an einzelnen Schrauben zu drehen, Perspektiven zu verändern, Haltungen zu finden, die später zu Konkreterem führen können. Ist es nicht seltsam, wie wir das, was nicht konkret, was nicht produkthaft ist, für wertlos erachten? Was tun wir damit jenen an, die zum Beispiel in einer Entwicklungsphase sind? Besteht hier nicht eine Pflicht, das Gefühl der Verwirrung, der Irritation, der Ungeduld, die solche Prozesse in einem auslösen, auszuhalten?

Weder Leistung führt zwangsläufig zu Wohlstand noch eine entsprechende Ausbildung. Diese Zeiten sind vorbei. Verarmung kann erschreckend schnell passieren und sie kann fast jeden treffen. Nur wird darüber immer seltener berichtet. Da die Menschen in Armut keine Stimme haben. Sie werden als Experten nicht anerkannt.

Dies ist ein weiterer Grund, weshalb Sie vielleicht verzweifelt nach einer äußeren, für Sie nachvollziehbaren, vielleicht sogar biographischen Ursache für meine Situation suchen. Weil diese andere, tiefere Wahrheit schwer zu ertragen ist. Spreche ich Sie hier direkt an, dann nicht um ihnen etwas vorzuwerfen, sondern um Sie versuchsweise an jenem Dialog teilhaben zu lassen, der einem Menschen in der Armut fortlaufend begegnet. Mir geht es darum auch die Emotionalität des Themas zu vermitteln. Die dunklen Gefühle, die Missverständnisse, die einen erfassen, sobald man mit der Armut in Berührung kommt.

Sie fragen sich vielleicht: Was will er denn eigentlich? Nun, worum geht es mir? Ich muss mir doch nur einen Job suchen. Mich anpassen, rasieren und machen, was erwartet wird.

Ich erlaube mir die Frage: Ist es möglich, dass ich als Mensch in Armut besser die Lage einschätzen kann, meine eigene Situation besser verstehe, als Außenstehende es können? Ist es denkbar, dass ich Gründe habe zu tun, was ich tue, die jene einfache oder voreilige Sicht widerlegen? Gilt nicht das, was für jede andere Spezialisierung angenommen wird, auch für die Experten in der Armut? Sind Sie eine kompetentere Arme als ich es bin?

Ich möchte, dass mein aus der Armut gewonnenes Wissen als Kompetenz auch Teil einer Lösung sein darf.

Meiner Lösung. Eine Kompetenz, die ich für mich mit eigenen Worten formuliere. Ich möchte, dass Sie mir zugestehen der Grund meiner Armut läge möglicherweise nicht darin, dass ich etwas falsch gemacht habe oder gescheitert bin. Dass ich Sie darum bitten muss, dies in Erwägung zu ziehen, sollte Ihnen zu denken geben. Ein Dialog auf Augenhöhe sollte selbstverständlich sein und wichtig, damit die Gesellschaft wieder als Team arbeiten kann. Wollen wir klar sehen und die Dinge beim Namen nennen, darf es keine verbotene, keine entwertete Perspektive geben. Tatsächlich ist diese Zensur überall anzutreffen. Weil die unabhängige Wertschöpfung selbst, welche nicht in institutionellen Vorgaben, Arbeitsmärkten oder Gesetzen des Wettbewerbs geregelt ist, unter permanentem Verdacht steht ein Risiko zu bedeuten. Wichtiger noch, als dass die Wertschöpfung selbst passiert, ist, aus der Sicht moderner Politik, ihre Standardisierung, ihre Beherrschung. Reden wir von Wirtschaft, meinen wir Ordnung. Sprechen wir von Geld, meinen wir Status. Ist von Arbeit die Rede, meint man die zugewiesene Rolle innerhalb eines Arbeitsverhältnisses. Überall missverstandene Begriffe und Motive, die wenig mit dem breiten Wohlstand einer Gesellschaft zu tun haben.

Was führt wirklich zu breitem Wohlstand? Schnell denkt man an Marketing, an Wirtschaftsförderung, an Leistung. Doch was kommt lange vor dem? Gibt es eine Kinderstube des Wohlstandes? Den wir vielleicht verdrängen wollen, weil der Weg von dort bis zum unmittelbaren Gewinn ein langer ist?

Werte sind ständigem Wandel unterworfen. Umso freier und tiefgreifender dieser Prozess ihrer Entstehung, umso werthaltiger eine Ökonomie. In den Anfängen ist Wertschöpfung immer zerbrechlich und voller Makel. Keine Technologie war bei ihrer Entstehung frei von Problemen. Jede benötigte bei den ersten Schritten Hilfe. Jede wurde in der ersten Phase verachtet und unterschätzt. Sie ahnen es schon! Ich will die Armut im wirtschaftlichen Kontext als ein Produkt begreifen, als einen Dienst an der Gesellschaft, der gleichberechtigt und revolutionär neuartig, einen Zugang zum Markt sucht. In der Armut zeigt sich nichts Anderes als die Verdrängung jener Prozesse, die zum Leben dazu gehören, zwischen Erfolg und Misserfolg, zwischen Oben und Unten, die aber eine Investition von Geld, Zeit und Energie bedeuten, was heute zunehmend weniger Unternehmen leisten und zunehmend weniger Politiker verteidigen wollen. Es ist schlicht bequemer die komplexen und oft negativen Auswirkungen des nackten Gewinnstrebens von sich zu weisen. Während die Kosten für die beispielsweise aus politischer Ignoranz und struktureller Ungerechtigkeit entstandenen Entwicklungsprozesse zunehmend von der Zivilgesellschaft übernommen werden, wie die Kosten für den Ausgleich eines nicht funktionierenden Kapitalismus. Obwohl dies in einem für die Gesellschaft unheilvollen Ungleichgewicht, zunehmend erkennbarer wird, befassen Firmen sich nur noch mit der Gewinnzone, die auch auf den Mühen anderer gebaut ist, die aber am Gewinn nicht mehr, oder nicht ausreichend beteiligt sind. Jenen die man als Konkurrenz verdrängt oder als Arbeiter ausbeutet hat, weil man für die Folgekosten im Gesundheitssystem, oder die Umweltschäden beispielsweise nicht aufkommen muss. Es ist Zeit die Teilnahme an den nachhaltigen Prozessen einzufordern, die uns heute alle erfassen, oder diesen Firmen unsere Unterstützung zu entziehen! Gelingt es nicht die Prozesse, die wir alle mittragen in die wirtschaftliche Rechnung mit einzubeziehen, wird der Wohlstand für die breite Masse schließlich verloren gehen. Die Armen tragen in sich, mit ihrer Existenz diese Prozesse und sollten selbstbestimmt, wie ein Startup, mit ganz eigener Lebensweise, Haltung, Sprache und Kultur damit umgehen können. Möglicherweise brauchen wir genausoviel Zeit den Kapitalismus zu überwinden, wie man benötigte um diesen aufzubauen. Es gibt keine einfache Antwort und die braucht es auch nicht. Was es braucht, sind Menschen, die sich auf den Weg machen und täglich das Recht einfordern, sich auf den Prozess einzulassen. Auf die Fragen und Zweifel, auf die Gefühle von Mangel und Frustration, welche die moderne Arbeitswelt heute für viele bedeutet, in der kaum noch etwas stimmig ist, oder als richtig und gerecht beschrieben werden kann. Es mag manche frustrieren, dass es keine rasche Antwort gibt, keine einfache Lösung. Diese würde das hinsehen, das tatsächlich sich auf den Prozess einlassen, verhindern. Das Ergebnis wäre neues Leid und neue Konflikte. Es ist heute keine Schande mehr wirtschaftliche Schwierigkeiten zu haben. Es verschärft aber das Problem und das will ich hier aufzeigen, sich nicht den Raum und die Zeit zu nehmen, die benötigt wird, damit daraus eine selbstbestimmte Antwort hervorgehen kann.

Ich glaube nicht daran, dass der Weg der Anpassung die Menschen aus der Armut führt. Doch gehen wir Schritt für Schritt! Das Thema ist komplex und das ist gut so. Wer komplexer schaut, blickt realistischer!

Bitten die Verarmten heute um Hilfe - denn Gleichberechtigung können sie nicht erwarten, da ihnen diese strukturell in der Armut genommen wird- unterliegen sie systemisch zunächst der Entwertung. In der Haltung der „Hilfe“ steckt schon die Verachtung gegenüber dem von der Norm Abweichenden. Dass hier etwas in einer fremden Kategorie als gleichwertig daher kommt wird ausgeschlossen, was jede Wertschöpfung aus der Notlage heraus behindert. Wenn aber jede Neuschöpfung zunächst eine Notlage, eine Krise ist, stellt die Haltung der „Helfenden“ eine Form der Innovationsverhinderung dar. Wenn diese Gesellschaft kreativer und innovativer, realistischer und menschlicher werden soll, müssen wir uns von der Haltung der „Helfenden“ hin zu einer gleichwertigen Partnerschaft bewegen, zwischen denen die durch Krisen gehen, um sich zu entwickeln und denen, die sich im Zustand entwicklungsferner Stabilität befinden.

Analog zum „bildungsfernen“ spreche ich provokant von den „entwicklungsfernen“ Schichten und meine damit jene gutbürgerliche Welt, oder die Ebenen der Reichen, für die Veränderung noch immer mehr Risiko als Chance bedeutet. Da sie, um es mit Erich Fromm zu sagen, mehr im Haben leben und weniger im Sein. Die „entwicklungsfernen“ Schichten wollen den „entwicklungsnahen“ Gruppen ihre Veränderungsprozesse nicht zugestehen, weil diese über kurz oder lang die Gesamtgesellschaft weiter entwickeln würden. In der Armut sehen wir sehr viele „entwicklungsnahe“ Menschen, deren Beitrag jedoch ausgebremst wird. Dies lässt sie für den Außenstehenden als passiv oder statisch erscheinen. So entsteht das Klischee des Arbeitslosen, der zu Hause vor dem Fernseher dahinvegetiert. Ein Vorwurf, der ihnen häufig von den „entwicklungsfernen“ Schichten in der Projektion vorgeworfen wird. Von denen die Bequem im Wohlstand vegetieren.

Natürlich erscheint uns darum die Armut nicht als Pool von Kreativität und Innovation. Ohne aber die „entwicklungsnahen“ Menschen, deren Leben nicht im stabilen Statuserhalt verläuft, sondern vielleicht im Ungleichgewicht, von den Ketten der Armut zu befreien, landen früher oder später alle „Entwicklungsnahen“ in der Armut. Während der ganze Wohlstand bei den „Entwicklungsfernen“ bleibt, wo dieser aber dann nur noch mit Gewalt und Unterdrückung eingefordert werden kann, weil der natürliche Fluss der Neuentwicklung abgewürgt wurde. Wenn nur noch jene die Gesellschaft mitgestalten dürfen, die es sich finanziell leisten können, zu scheitern, leben wir bald nur noch in einer von Konzernen gestalteten Welt. Armut und Innovationsfähigkeit einer

Wirtschaft hängen darum unmittelbar zusammen. Wer Armut oder Verlust fürchtet, wird weniger kreativ, weniger mutig und bleibt im Status Quo. Darum ist die Auseinandersetzung mit der Armut heute für unseren nachhaltigen, wirtschaftlichen Erfolg zentraler, als die Förderung von Leistung und Elitenbildung. Nicht der Konkurrenzkampf bringt die entscheidenden Impulse, sondern die Integration verdrängten Wissens.

In einem tieferen Verständnis der Mechanismen, die zu Armut führen, wie Risiken einzugehen oder in ungünstigen Lebensbedingungen gefangen zu sein, kann die Beziehung zwischen den „Entwicklungsfernen“ und den „Entwicklungsnahen“ neu verhandelt und in ein sinnvolles Gleichgewicht gebracht werden. Es ist für ein System einfach ungesund, wenn die „Gesättigten“ über die „Hungrigen“ herrschen. Die Armut ist nichts was man verwalten und regeln sollte, sondern ein natürliches Gegenüber, welches Bewegung in die Strukturen bringen sollte. Viele großartige Dinge sind aus der Mangelerfahrung heraus entwickelt worden. Sei diese nun geistiger, materieller, kultureller oder sozialer Natur. Statt „Hilfe“ anzubieten, ist es vielleicht heute an der Zeit die „Entwertung“ dieser Erfahrung zu beenden und Respekt gegenüber „entwicklungsnahen“ Menschen zu entwickeln und zuzulassen, damit die Veränderung weniger gefürchtet werden muss. Der Blick der „Helfenden“ ist nicht an längerfristigen Entwicklungsprozessen und Kontexten interessiert. Sondern der „Helfende“ will etwas wegmachen, nicht etwas honorieren.

Den „Helfenden“ ist es lästig, wenn ihr Angebot einer meist simplen, sie selbst wenig belastenden Lösung nicht zum sofortigen Erfolg führt und mit großem Dank angenommen wird. Denn sie leiten von ihrer Entwicklungsferne einen höheren Status ab. Genau das aber zerstört und behindert Wirtschaft und Gesellschaft in vielfältiger Weise, weil das, was Evolution ausmacht, nämlich die Krise, vermieden und in ihren Konsequenzen voreilig entwertet wird.

Stellt sich für den „Helfenden“ keine Lösung des Problems ein, ist im Zweifel immer der Arme selbst daran schuld. Dabei befindet dieser sich lediglich noch immer im Prozess der

Entwicklung, was in einem lebendigen Organismus keine Schande sein sollte. Im Zweifel ist das, was entstehen will, einfach größer, komplexer, großartiger, als die Erwartung des „Helfenden" es möglich machen will.

Während die „Helfenden" ihrerseits mit einem Ressourcenverschleiß leben, der unangetastet und unhinterfragt bleibt, sollen die Menschen in Notlagen ihre eigenen Ansprüche reduzieren. Die Helfenden können für sich oft als „Lebensnotwendig" beanspruchen, wovon anderswo ganze Familien leben müssen.

Dies ist nur eines von vielen Mechanismen, die dazu führen, dass Menschen in Notlagen zu boshaften, unkooperativen oder undankbaren Persönlichkeiten stilisiert und diffamiert werden. Somit legitimiert sich schnell die Erhöhung des Druckes, im Sinne der ruppigen Frage: „Was wollt Ihr denn noch? Ich habe Dir schon ein Brot gegeben. Nun kannst Du doch wieder leben und Dich wie ein normaler Bürger verhalten! Da ist ein Job. Irgendein Job. Wenn Du den nicht annimmst, bist Du selbst schuld."

Dabei wird vorausgesetzt die Armen lebten in einer vereinfachten Welt der vielen Möglichkeiten, und wären nicht ebenfalls den Regeln des modernen Arbeitsmarktes unterworfen oder würden nicht nach Qualifikation, Motiven, Wünschen oder Zielen gefragt, die immer im Widerspruch zu dem jeweiligen „beliebigen" Job stehen, sowie zu den Erwartungen der Arbeitgeber. Die Armen werden, weil sie jeden Job annehmen sollen, auch wenn ihnen dieser nicht liegt, in die Rolle der Inkompetenten gezwungen, was ihre Situation nur verschärft. Oder würden Sie jemanden einstellen, der genötigt wird diese Arbeit zu tun? Es gäbe nur zwei Gründe als Unternehmer diese Person einzustellen. Ihre eigene Inkompetenz, oder die Absicht die Situation auszunutzen, den in diese Position genötigten Arbeitnehmer auszubeuten! Beides lässt Sie in einem schlechten Licht dastehen. Die dritte Möglichkeit, anzunehmen, dies aus Menschlichkeit zu tun, ist eine Form der Selbsttäuschung, die weder Ihnen noch dem Menschen in Armut weiterhilft. Es wäre lediglich ein bequemer Weg sich den grundlegenden Fragen und Veränderungen nicht stellen zu müssen. Hier erfüllt die Armut und unsere weit verbreitete Vorstellung von Hilfe häufig eine missbräuchliche Funktion, die all zu oft eher den eigenen Motiven des Helfenden dient und nicht generell dem Armen. Diese Art der Hilfe ist häufig eine Beleidigung und Demütigung der Armen, die diese Art des Selbstbetruges auf Grund des gesellschaftlichen Drucks glauben über sich ergehen lassen zu müssen.

Die Armen sollten sich erklären dürfen. Eigene Zusammenhänge darlegen können. Zusammenhänge, aus denen sich eigene Strategien entwickeln ließen. Wobei hier die Betonung auf Prozessen liegt, die nicht zwangsläufig den Vorgaben einer Wirtschaft entsprechen müssen, die glaubt zu wissen, was in Zukunft wertvoll sein wird. Das bei den „Entwicklungsnahen" verborgene, systemische Wissen muss als Potential gesehen und zugänglich gemacht werden. Nicht in erster Linie, weil es den Armen hilft Arbeit zu finden, eingegliedert zu werden oder Unternehmen zu gründen. Sondern weil ohne dieses Wissen unsere regulierte Wirtschaft, unser von Machtstrukturen durchsetzter Arbeitsmarkt die breite Wertschöpfung abwürgt und sich gegenüber neuen Ebenen und Kontexten abschottet, auf oder in denen heute Innovation passieren kann. Es ist nicht mehr der technologische, sondern vielleicht der soziokulturelle und der kreative Bereich selbst, in dem neue Märkte oder Ideen, wie Gesellschaft und Wirtschaft sich neu zu einander verhalten, entdeckt werden können. Auch dieser Essay ist ein solcher Ansatz.

Wissen ist Macht. Eine Neubetrachtung der Kompetenz.

Obwohl unser Bildungssystem uns das Gegenteil weismachen will, liegt Kompetenz auf allen Ebenen der Gesellschaft. Bei den alleinerziehenden Müttern, bei den Unterbezahlten, bei den Entrechteten, bei den Jugendlichen, bei den scheinbar Verrückten, sogar bei dem einen oder anderen Topmanager.

Wie wir diese Kompetenz bewerten ist relativ und situationsbezogen. Niemand würde sich anmaßen als Laie die

Fähigkeiten eines Atomphysikers zu beurteilen, oder sich gar in dessen Situationsanalysen und Entscheidungen einzumischen. Beim Armen tun wir dies dauernd. Was ich hier sage ist provokant und auf den ersten Blick mag man vielleicht aufschreien und widersprechen. Denn auf dem Spiel steht der hart erarbeiteten Status, die erbrachte Leistung und die damit verbundene wirtschaftliche Stellung, die als verdient betrachtet wird und die es gegen den Armen abzugrenzen gilt. Aber geben Sie bitte auch mir die Chance die Komplexität und Vielschichtigkeit dieses Themas umfassend darzulegen, bevor Sie sich für ein abschließendes Urteil entscheiden! Wir verhandeln in diesem Augenblick den Gesellschaftsvertrag neu. Die Armut sitzt mit am Tisch und hat aufgehört aus falscher Scham zu schweigen. Das Verhältnis zwischen Mensch, Staat und Wirtschaft darf neu betrachtet werden. Hass und Verachtung sollen für den Moment als integraler Teil der Betrachtung von Armut und als Werkzeug dienen, um mit ihrer Hilfe die Hintergründe sichtbar zu machen und heraus zu schälen, weshalb Menschen in Elend ihrer Rechte beraubt werden. Hier geht es um ein Verhältnis, in dem ich mir nicht anmaßen möchte allein für die Armen als solche zu sprechen. Mir geht es darum die Diskussion anzustoßen, nicht diese zu dominieren. Ich möchte Ihnen meinen Umgang mit der Situation des Armseins vorstellen, meinen Versuch die Armut in Würde zu überwinden. Dies habe ich zur Stunde, was meine finanzielle Armut betrifft, noch nicht geschafft, da ich es mir nicht leicht machen will. Ich versuche die Armut selbst zu überwinden, nicht nur meinen aktuellen Mangel an Geld. Das mag ein für KünstlerInnen typischer, überhöhter Anspruch sein, aber wie Sie gleich erfahren werden, ist Scheitern keine Folge mehr, die um jeden Preis verhindert werden muss, sondern die Grundvoraussetzung für Fortschritt und Entwicklung. Hier geht es um eine reifere Haltung. Um ein anderes Wissen, dass kein Ingenieurswissen und kein Computerwissen ist, sondern von einer anderen Kategorie, für die es vielleicht noch keinen Namen gibt. Mit diesem Essay versuche ich einen Prozess auszulösen und es hängt auch von Ihrer Bereitschaft ab, diesen Weg, der sicherlich auch nicht immer perfekt verläuft, zuzulassen! Was hier im Kleinen gilt, gilt auch für das größere System. Der Weg kommt vor dem Ziel. Für den Entwicklungsweg braucht es andere Kompetenzen, als für den Verkauf von Produkten. Zerbrechlichkeit, Sensibilität, zuhören können, warten können.

Es geht zunächst, wie in jeder Form der Kompetenz, um ein sperrig sein gegenüber den scheinbar simplen Lösungen, die auf längere Sicht betrachtet vielleicht keine sind. Vor uns liegt sehr viel Arbeit. Sehr viel Enttäuschung und Irritation. Stärke in der Armut ist nicht die Lösung für Alles und muss dies auch nicht sein. Ohne sie kommen wir aber bei den psychosozialen und, was nicht weniger bedeutend ist, bei den wirtschaftlichen Fragen unserer Zeit, meiner Ansicht nach, nicht weiter. Es ist eine Ironie der Situation, dass hier ausgerechnet jemand aus der Armut heraus ein Programm der Wirtschaftsbelebung aufzeigen will. Mein Motiv ist es nicht, so schnell wie möglich an Geld zu kommen, sondern die Wirtschaft selbst lebendiger und dynamischer zu gestalten. Weil ich für mich verstanden habe, dass der kurzfristige Vorteil in unserer komplexen Welt keine Haltung mehr sein kann, aus der heraus sich echte und nachhaltige Antworten erarbeiten lassen. Dies ist auch ein Grund den Vorgaben eines Jobcenters zu widersprechen. Die einfache Lösung ist keine Lösung. Die Frage nach der Verantwortung muss neu und breiter gestellt werden, jenseits der unmittelbaren Zuständigkeiten und der scheinbaren Notwendigkeiten. Nur dadurch können wir in nachhaltigen Kreisläufen denken und werden nicht beispielsweise von unbewussten Nebenwirkungen unserer Industrie krank gemacht.

Indem ich einen, kontrovers ausgedrückt, vielleicht zu selbstbewussten Armen vorlebe, der es wagt eigene und selbstbestimmte Bedürfnisse zu äußern, zu provozieren, von der Norm abzuweichen, die Folgen daraus nicht als Makel definiert, sondern als Dienst, um damit Augen und Herzen zu öffnen, Ihnen damit sogar auf Augenhöhe begegnen will, weil auch Sie Makel haben, die auch Stärken sein dürfen, verspricht dieser Diskurs jene Eruptionen, welche es vielleicht braucht, damit wir die Kontrolle loslassen und sich Alternativen im Umgang mit Armut zeigen können.

Manche mag mein Ansatz wütend machen. Weil ich Forderungen stelle, während ich scheinbar der Gemeinschaft auf der Tasche liege. Diese Fehleinschätzung kann, für jene, die schlecht über wirtschaftliche Zusammenhänge informiert sind, naheliegend erscheinen. Umso wichtiger ist es, dass solche Ansätze, wie ich sie hier versuche, gehört werden. Dies kann auch anderen Mut machen.

Es wird viel über Arme geredet, aber sehr wenig mit ihnen. Während wir die Erfolgreichen, die Mächtigen, die Studierten stets als die ExpertInnen betrachten, die Armut überwinden oder lindern können, weil sie davon nicht betroffen sind, weil sie wissen, wie Erfolg geht, der keineswegs das Gegenteil von Armut ist, sondern eine völlig andere Kategorie, bleibt die Kompetenz derer, die in schwierigsten Bedingungen leben, verborgen und unterschätzt.

Dabei rede ich, wie gesagt, nicht von jenen Kompetenzen, von denen die Wohlhabenden annehmen die Armen müssten sie besitzen, um aus der Armut raus zu kommen, sondern beispielsweise von den viel realistischeren Einblicken, die arme Menschen in die Gesellschaft haben.

Vor nur zwei Generationen, noch bis in die 70er Jahre hinein, musste eine Frau in Deutschland ihren Mann fragen, ob sie sich eine Arbeit suchen darf. Die Beschränkungen des Zugangs zum Markt, wegen Geschlecht, Hautfarbe oder Zugehörigkeit zu einer Gruppe, sind Teil unserer Geschichte und wie auch die Freiheit immer wieder neu erkämpft und definiert werden muss, besteht eben auch jene Diskriminierung heute in vielen Bereichen fort. In diesen ausgegrenzten Gruppen steckt nicht nur die Information, weshalb sie tatsächlich ausgegrenzt werden, weil jede Geschichte mindestens zwei Seiten hat, sondern auch strukturelle und systemische Information über den inneren Zustand einer Kultur. Über das, was gesehen werden darf und was nicht. Die Ausschlusskriterien der Massen waren noch nie der Weisheit letzter Schluss. Diese auch hinter der Armut verborgenen Kompetenzen und Qualitäten sehen oft nicht aus wie ein Universitätsdiplom, stellen aber Kompetenzen dar.

Jede Gesellschaft ist zunächst davon überzeugt am Höhepunkt zu sein und keine offene Entwicklung mehr zu benötigen. Die alten Griechen wären beinahe ausgestorben, weil sie alle weiblichen Nachkommen sofort umbrachten und nur Jungen wollten. Wir sehen also wie die Zugangsbeschränkung zur Teilhabe an der Wertschöpfung kein sehr schlaues Konzept darstellt. Es ist auf Angst begründet und auf Macht. Gerade in Deutschland klingt es vielleicht seltsam, dass ich meine Auseinandersetzung mit der Armut in der Diskussion über Zugangsbeschränkungen beginne, weil immerzu so getan wird, als läge beispielsweise das Problem eines Arbeitslosen an dessen eigener Faulheit und der Markt sei total offen für jeden, der es nur will. Auch herrscht die Illusion die Zugangsbeschränkung löse sich sofort auf, passe man sich nur der Dynamik von Angebot und Nachfrage an. Als zahlten wir für diese Anpassung nicht einen sehr hohen Preis. Nämlich jenen der Ignoranz und der inneren Beliebigkeit, die zu Orientierungslosigkeit und Integritätsverlust führt. Die Zugangsbeschränkung beruht eben nicht auf Angebot und Nachfrage, sondern auf Kontrolle. Wir leben und arbeiten in weitgehend kontrollierten Märkten mit Ausschlußkriterien, die wenig damit zu tun haben, was Menschen wollen oder sich wünschen. Oder wünschen Sie sich diese Wirtschaft?

Die Nachfrage nach liebenden Müttern ist unbegrenzt, aber die Kinder können ihre Mütter dafür nicht bezahlen. In einem von Angebot und Nachfrage gesteuerten Markt müsste das jedoch möglich sein, weil hier sowohl das Angebot, als auch die Nachfrage ähnlich groß ist, wie der Bedarf an Erdöl. Der Zugang zum Markt ist beschränkt, weil Mutterliebe nicht als Ware anerkannt ist. Mancher mag dies im moralischen Sinne gut finden. Man sollte aber bedenken, dass in einer materiellen Welt, dass was keinen monetären Preis hat, auch keinen Wert darstellt.

Macht, also der Einfluss weniger, ist das zugrundeliegende Motiv der Zugangsbeschränkung und diese ist nie an breitem

Wohlstand interessiert. Diese verschleiert sich in der Entwertung der scheinbar Armen oder weniger Qualifizierten. Wie in jedem anderen Jahrhundert auch, findet sie stets neue Argumente, um die Leistungen anderer Gruppen abzuwerten und als nicht willkommene auszugrenzen. Im Idealfall für die Herrschenden erscheint es öffentlich nicht als Ausgrenzung, sondern als ein scheinbar „natürlicher" Makel der Anderen, der sie, angeblich zu Recht oder logisch nachvollziehbar, an der Teilhabe am Markt hindert. Davon wird ihre individuelle Schuld abgeleitet, sowie beispielsweise der Zwang zur Umschulung. Nicht die Struktur steht unter Verdacht, sondern das Individuum. Man entspricht beispielsweise nicht den Vorgaben des Arbeitsmarktes, hat nicht das richtige Diplom, oder hat nicht ausreichend Arbeitserfahrung. Die dahinter stehenden Wertvorstellungen werden nicht hinterfragt, obwohl viele davon hinterfragbar sind. Beispielsweise die Tatsache, dass Arbeitnehmer ab 40 zunehmend größere Schwierigkeiten haben einen Job zu bekommen und ältere Menschen immer früher aus dem Arbeitsmarkt gedrängt, jüngere zunehmend früher Führungspositionen übernehmen sollen.

Es ist wichtig zu verstehen, dass Zugangsbeschränkungen, die wir über Ausbildungen oder Herkunft oder Seilschaften erfahren, stets im Sinne der „Zucht" der Stärkeren und Besseren geschehen, um es mit dem Darwinismus zu sagen. Und ich verstecke mich hier bewusst nicht hinter einem leichter verdaulichen Begriff wie der Elitenbildung. Qualität ist auch erreichbar, ohne andere Menschen als qualitativ minderwertig zu beschreiben. Qualität als Vitalität, als Vielfalt, als Spannung, kann auch in der Gemeinschaft passieren, ohne Ausgrenzung. Zugangsbeschränkung ist genau genommen eine Form der Auslese die so tut, als pflege sie liebevoll die Gesellschaft. Tatsächlich dienen diese Ansätze vor allem der Ausgliederung von Menschen mit abweichenden Werten, die in Konkurrenz stehen zu den geschützten Werten der MachtinhaberInnen und ihres jeweiligen Status. Hier wird Wirtschaft zu Politik und Politik zu Wirtschaft.

Wenn also heute ein Mensch in Armut vom Jobcenter aufgefordert wird sich genormt zu verhalten, um dann an der

Wertschöpfung teilnehmen zu dürfen, hat dies nichts mit volkswirtschaftlicher Verantwortung zu tun, sondern lediglich und erbarmungslos mit Machtstrukturen und Verteilungskämpfen. Sonst würde man Menschen auffordern kreative Risiken einzugehen und etwas Neues auszuprobieren, was im Widerspruch zu den eigenen Wertvorstellungen stehen könnte.

Ist das nicht interessant? Die Jobcenter verhalten sich nicht im Sinne der Verbreitung des Wohlstandes, da sie dann an neuen Ideen, abweichendem Verhalten und an Prozessen interessiert sein müssten, sondern im Sinne des Machterhalts, der dem Wohlstand entgegen steht. Man mag anmerken, dass jemand vielleicht erstmal jeden Job annehmen soll, die Gesellschaft nicht mehr belastet und dann später innovativ werden kann. Diese Rechnung geht in der Praxis jedoch kaum auf. Zu viele Menschen bleiben im Kompromis und verschieben die Auseinandersetzung mit den eigenen Fragen, wie Mangel behoben, wie ein neuer Zustand erreicht werden kann, weit in die Zukunft, wo diese nie stattfindet. Hier ist ein radikales Umdenken dringend erforderlich. Worum es mir geht, ist die Grundlage kreativer, humaner Gesellschaften zu beschreiben. Etwas, was eben gerade nicht in den modernen ökonomischen Bestrebungen und Kompetenzen zu finden ist. Moderne Manager sind genauso wenig an der Volksökonomie interessiert wie ein großer Teil der politischen Parteien. Die Frage nach breitem Wohlstand wird weder ausreichend erforscht, noch konsequent gestellt. Alles dreht sich nur um Wachstum und höhere Gewinne für immer weniger Unternehmen. Während das, was die Sozialsysteme in Europa tun, eine verdeckte Form der Wertschöpfungs- und Innovationsbeschränkung ist, zu Gunsten einiger weniger Industrien, die auf diesem Weg billige Arbeitskräfte ohne Rechte erpressen können. An die Stelle von Handelszöllen als Marktbegrenzung und Schutz für bevorzugte Industrien, ist heute der eiskalte Sozialstaat getreten, der die Unabhängigkeit der ArbeiterInnen mit hohen Auflagen versieht. Dieser Wolf im Schafspelz ist am Wohl der Arbeitslosen nicht interessiert, sondern ausschließlich an der Entwertung der Arbeitsleistung, damit Firmen in Europa mit anderen Ländern, in denen Arbeit noch schlechter bezahlt wird, konkurrieren können.

Die Bewegungsfreiheit der unteren Schichten ist nicht das, was eine Gesellschaft belastet, sondern das, was diese florieren lässt. Bedenken Sie! Hätten die entrechteten Gruppen in unserer Geschichte sich nicht auf den Weg der Anerkennung ihrer Selbstbestimmung gemacht, würden wir noch Großgrundbesitzern als Sklaven dienen, es gäbe keine Mittelschicht und aller Reichtum würde in den Händen der wenigen Adeligen landen. Selbstbestimmte Vielfalt ist auch für die Innovationsfähigkeit zentral, denn eine kleine Gruppe von Bessergestellten ist intellektuell und kreativ nicht in der Lage Computer, Eisenbahnen oder die moderne Medizin zu entwickeln. Dafür benötigt man eine Kultur der Öffnung, wie wir sie in Europa in der Nachkriegszeit der 50er bis 90er Jahre erlebten.

Ohne selbstbestimmte Entwicklung gibt es keinen Fortschritt. Jede Form des Fortschritts ist nur möglich, wenn das Wissen der entrechteten Gruppen integriert wird. Wer etwas Neues einbringt, oder wessen Existenz einen unangenehmen Kontext offenlegt, ist immer zunächst ausgegrenzt. Das ist Psychologie. Aber ist dies nicht eine erwachsene Gesellschaft, die mit derart banalen Mechanismen besser umgehen könnte?

Wir glauben heute die Außenseiter mit Hilfe der Wissenschaft ersetzen zu können und erzeugen darum eine Wissenschaft mit zunehmend weniger Außenseitern. Wer von der Erwartungshaltung abweicht, verliert unter Umständen seinen Job, oder bekommt erst gar keinen. Sehr viel Wissen liegt codiert im „Abgelehnten“. Den Schatten offen zu begegnen bedeutet Humanismus und Evolution.

Nehmen wir ein Beispiel aus der Natur! Meeresschildkröten legen unzählige Eier. Die meisten Jungtiere werden gefressen. Man mag sich fragen, welchen Wert das einzelne Ei hat, welches im Zweifel unfruchtbar bleibt? Kreisläufe funktionieren nicht ohne Wertschöpfung auf vielfachen Ebenen zu begreifen, weil diese in einem Austausch mit einer Umwelt, einem größeren Gesamtsystem stehen und sich nicht wie lineare Prozesse nur auf ein Ziel hin orientieren können. Die Faktoren, die solche lebendigen Organismen prägen, können extrem komplex sein. Entwicklungsprozesse folgen einer eigenen Logik, die wir trotz größter Bemühungen noch lange nicht verstehen. Die Armen sind gezwungen oder haben das Los, oder Glück die Welt anders zu sehen bzw. aus einer noch nicht kategorisierten, vermarkteten und stereotypisierten Sicht zu betrachten.Sie fühlen anders, sie erleben anders. Nicht jeder Arme bringt etwas Sichtbares hervor, was uns wie ein Produkt erscheint, aber gemeinsam entwickeln und tragen sie vielfältiges Wissen, was sie zu Katalysatoren, feinen Sensoren und Mitspielern im Prozess der Veränderung innerhalb unserer Gesellschaft macht. Nutzbar ist dieses Wissen aber erst, wenn die Gesamtgesellschaft komplexer organisiert werden darf, also selbst Schritte hin zu höheren Ordnungsformen leistet. Wer hat das Recht den Wert eines Lebens zu bemessen? Sicherlich keine Bürokratie, welche die Komplexität von Lebenssituationen wahrzunehmen überhaupt nicht fähig ist. Die Dunkelheit, das Scheitern, muss gleichberechtigt neben den hellen Dingen, dem Erfolg, stehen können. Alles andere bedeutet ein Verlust an Realitätskompetenz, an unmittelbar hinsehen können und an dem was uns erst in die Lage versetzt Qualität zu entwickeln.

Die Geschichte lehrt, dass unser aller Fortschritt ohne die Impulse der Außenseiter, kommen diese von ihnen bewusst oder unbewusst, nicht gelingen kann. Eine hermetisch abgeriegelte Gesellschaft ist eine tote Gesellschaft. Auch das Format Startup, welches eine unserer jüngsten Bemühungen darstellt, dieses Wissen verwertbar und vermarktbar zu machen, kann nicht an die Stelle des Potentials rücken, welches entsteht, lässt man den Menschen den eigenen Flow folgen.

Machterhalt, ein Kontrollierenwollen von Vorgängen, die zu reichhaltig sind, um sie zu verstehen, ist stets das, was breiten Wohlstand verhindert, weshalb die Armen in ihrer Entwicklung deutlich freier, vielfältiger und mit mehr Möglichkeiten ausgestattet werden sollten, als moderne Sozialsysteme oder Hilfsprogramme dies heute noch ermöglichen wollen.

Natürlich kommt hier sofort der Gedanke der labilen, geschwächten Armen hoch, die sich aber nicht derart kreativ verhalten. Selbst wenn es diesen Armen gäbe, wäre diese Vorstellung in einer Kultur wenig hilfreich, in der in jedem anderen Bereich das Glas stets halb voll und nicht halb leer ist. Natürlich passiert auch status- und gruppenbezogene Anpassung in der Armut. Auch Arme grenzen sich gegenüber anderen Armen ab. Es ist Zeit den Mechanismus der Armut von diesen emotionalen Verstrickungen zu lösen und sich die Frage zu stellen, welche Art die Armut zu betrachten für die Gesamtgesellschaft wertvoller ist. Die Armut sitzt ja in uns Allen. Sie ist eine Art zu denken, zu fühlen, zu leiden, zu vermeiden.

Der Verzicht, die Selbstreduktion, die wir jahrzehnte-, vielleicht jahrhundertelang für eine Tugend hielten, ist vielleicht falsch verstandene Verengung und Verdrängung von alternativen Lösungsträgern. Weil wir denken die Welt müsse auf eine bestimmte Weise funktionieren. Es ist denkbar, dass es wesentlich unkontrollierter, demokratischer geht. Ohne das Wissen, welches von den in Armut Lebenden entwickelt wird oder unbewusst durch sie sichtbar wird, eine Kompetenz die häufig noch entwickelt werden muss, fehlt uns ein Teil der Vielfalt, die es braucht, um intelligentere und nachhaltigere Lösungen für eine Gesellschaft ohne Armut erkennen zu können.

Der Blick der Armen ist nicht zwangsläufig ein realistischerer Blick, aber ohne ihre Perspektive zu integrieren, blicken wir nicht auf die wirkliche Gesellschaft, begreifen nicht den komplexen Organismus, der uns darum als intelligentere, innovativere Ordnungsstruktur auch nicht zugänglich wird. Was meine ich damit?

Lebensbedingungen sollte man wechseln können, wie Kleider. Weil sie den Boden darstellen, auf dem unterschiedliche Werte wachsen. Und Werte sind Werkzeuge. Wer beispielsweise in Hotels lebt, glaubt an Flexibilität und benutzt diese als Werkzeug. Warum aber soll in einem Zelt zu leben weniger wichtige Werte-Werkzeuge hervorbringen, als in einem Schloss zu wohnen? Status beschränkt die Tools, die wir haben, um Gesellschaft und Leben zu formen. Lebensbedingungen sollten darum nicht von Fleiß abhängen oder von Ausbildungsgrad, sondern von der Frage was ein Mensch gestalten will. Was er aus einer Erfahrung lernen und schaffen möchte und welche Tools dafür hilfreich oder erforderlich sind. Hier gilt es radikal umzudenken. Lifestyle als Tool und nicht als Status.

Um innovativ zu sein müssen Menschen anders leben, handeln, gestalten und daran ihre Werte anpassen, sprich neu definieren. Das sieht man auf jeder Entwicklungsstufe einer Kultur. Von den Hippies bis zum Internet. Man muss außerhalb der bürgerlichen Normalität leben, um einen Mangel erkennen zu können, oder etwas sehen, was andere nicht sehen bzw. nicht sehen wollen, um das Bedürfnis nach neuen Ideen zu entwickeln. Halten wir all diese Menschen aus den Gestaltungsprozessen einer Gesellschaft heraus, bleibt die Gesellschaftsordnung primitiv. Sie hat weniger Brüche, aus denen heraus sich Chancen und neue Perspektiven ergeben. In der Wissenschaft wird oft von „Junk DNA“ gesprochen, also von scheinbar wertlosen DNA Abschnitten, denen keine Funktion zugewiesen werden kann. Dabei sollte klar sein, dass diese nicht wirklich Abfall sind, sondern lediglich im Kontext mit komplexeren Vorgängen stehen, die wir noch nicht begriffen haben. Ähnlich verhält es sich mit der Rolle der „Entwicklungsnahen“, deren Leben uns turbulent und im Widerspruch zur eigenen Vorstellung von Harmonie und Ordnung erscheint.

Die Industrienationen sind letztlich primitiv organisiert und haben längst nicht den Höhepunkt des Machbaren erreicht. Was nicht möglich ist, ohne die Perspektive der Armen zu sehen und zu wertschätzen. Das halte ich für einen ganz wichtigen Punkt.

Heute werden ganze Länder wie Kinder behandelt, weil sie scheinbar an den internationalen Märkten nicht mithalten können. Tyrannen tarnen sich als Wirtschaftsexperten. Kaum jemand zieht in Erwägung, dass ein Land wie Griechenland auf einer noch nicht sichtbar gewordenen Ebene, gegenüber Deutschland fortschrittlicher sein könnte. Was würde sich entwickeln, könnte die deutsche Kultur die Griechische, oder Teile daraus integrieren? Kann es sein, dass es dem Vorzeigeschüler Deutschland gut tun könnte, etwas mehr ein Grieche zu werden? Was würde sich dadurch in ganz Europa verändern? Ist nicht Kultur ein wesentlicher Faktor von

Wirtschaft? Was ist wenn Autos bald wo anders billiger und besser produziert werden können, weil vielleicht Afrika oder Asien genug Hunger spürt, um auf kreative Ideen zu kommen? Lohnt es sich nicht unsere Verachtung gegenüber den „Schwachen“ zu hinterfragen?

Diese Komplexität ist ganz im Sinne breiter Wertschöpfung und breiten Wohlstandes. Sie muss aus den konkreten Lebensrealitäten heraus, von den Armen selbst formuliert und kommuniziert werden. Wenn die Griechen nicht ihre Vision von Europa formulieren, werden die Deutschen sie nicht integrieren. Ich bin ein komplizierter Mensch. Die Evolution will komplizierte Menschen, weil sie, wenn man sie lässt, unabhängigere, vielfältigere Gesellschaften zur Folge haben. Es ist gut und wichtig, dass ich Sie belaste. Wir sollten die einfache Welt moderner Politik mit der Realität unserer Lebenswirklichkeiten belasten! Vielleicht wachen die Verantwortlichen dann auf, erlauben sich selbst kompliziert zu sein, statt immerzu Einfachheit einzufordern. Simplizismus ist Barbarei.

Jede politische Entscheidung, von der Energiefrage, über die Wirtschaftsförderung, den Wohnungsbau, die Innovationsentwicklung, findet statt, ohne dazu Menschen in Armut befragt zu haben. Warum dürfen Sie an diesen Prozessen nicht teilnehmen, können sich nicht einbringen und bleiben ausgeschlossen? Politikverdrossenheit ist in der Unterschicht derart hoch, weil es zum Alltag dieser Menschen gehört nicht ernst genommen zu werden. Sie leben nicht in einer Demokratie, wie wir sie im Wohlstand kennen. Es ist scheinbar einfacher für den Staat und die Wirtschaft, ohne die Komplexität ihrer Lebenswirklichkeiten zwischen Kindern, Geldmangel, Ängsten und Frustrationen, zu gestalten. Diese reduzierte Demokratie ist eine brutale und primitive Demokratie, die heikle Diskurse meidet, indem sie Volksgruppen, deren Realität im Widerspruch zum vorherrschenden Mainstream steht, systematisch ausgrenzt und auf eine Ordnungsstruktur beharrt, in der es nur den normativen Idealbürger gibt, der im Job den Mund hält und keine Probleme macht. Dieser statistische Max Mustermann kann nicht der Maßstab sein, an dem unsere Realität gemessen und Rechte definiert werden. Natürlich will die Wirtschaft gerne einen derart genormten Konsumenten. Aber das ist kein ökonomisches Denken derjenigen Unternehmer, die mehr Wohlstand in der Breite wollen, sondern von solchen, die große Konzerne leiten möchten. Und das geht zunehmend an der Realität vorbei.

Diese Befürwortung der komplizierten Lebenswirklichkeiten klingt merkwürdig, weil der Zeitgeist uns vormacht, der einfachere Weg sei der bessere Weg. Die Werbung vermittelt uns das täglich.

Das ist jedoch ein gewaltiger Irrtum, denn die Vereinfachung ist immer Abspaltung. Wenn wir die Armen nicht sehen, funktioniert der Kapitalismus natürlich scheinbar besser. Nach dieser Logik werden zunehmend größerer Teile der Bevölkerung von der Wirtschaft ausgeschlossen und am Ende ihres smarten und reibungslosen Weges hat nur eine kleine Gruppe das Maximum an Glück, Erfolg und Harmonie erreicht, welches es vermeintlich zu erreichen gilt. Ein Weg der ermöglicht wird, weil ihnen weder Menschen mit anderer Meinung begegnen sollen, noch solche mit abweichenden Bedürfnissen, die Erfahrungen von Schmerz, Hoffnung, Herausforderung erzeugen könnten. Dann existiert nur noch diese Elite selbst, als der eine große Konzern oder die eine genormte Perspektive. Der Rest der Welt kommt darin nicht vor. Darum ist der einfache Weg abzulehnen. Darum gilt es, die Komplexität und Vielschichtigkeit auch von Armut zu berücksichtigen und im Gestaltungs- und Entwicklungsprozess zuzulassen.

In diesem Sinne zeugt es auch von Verantwortungsbewusstsein, wenn ich mich Anweisungen des Jobcenters widersetze, oder wenn Griechenland sich gegenüber dem IWF widersetzt, oder die sogenannten unterentwickelten und Schwellenländer gegenüber dem Westen.

Der eigene individuelle Weg, das ständig Neuverhandeln der Beziehungen, Bedürfnisse, Visionen und Ziele zwischen Individuum und Staat oder Wirtschaft, Institution oder Unternehmen, ist das, was Demokratie, Bewusstsein, Kreativität und Menschlichkeit erhält und neu schafft. Als Prozess, den wir das Leben nennen. Das Elend in der Armut resultiert aus dem Verbot darin lebendig sein zu dürfen. Lebendigkeit und Fülle dürfen darin nicht vorkommen. Weil sie nicht kontrollierbar, nicht reduzierbar sind. Diese Gegenübertragung des Normalbürgers, der früh lernt durch Verzicht und Abspaltung einen Status zu erlangen, erträgt es nicht, wenn die Realität der Armen als das gesehen wird, was sie ist, nämlich die Ergänzung, der Mehrwert, ohne den die gesamte Gesellschaft verarmt. Die Armut ist ein Mechanismus der Verdrängung von Kompetenz und keine Folge von fehlendem Wissen oder falschen Handlungen.

Dieses neurotische Verhalten der Mittelschicht gegenüber den Unterschichten, verteidigt Freiheits- und Grundrechteverzicht, für Fülle in materiellen Dingen, um Wohlstand für Wenige zu rechtfertigen und darum dürfen jene die arm sind nicht für sich beanspruchen einen eigenen Weg zur Fülle zu haben, der nicht ebenfalls auf Freiheitsverzicht beruht. Sondern beispielsweise auf Widerstand gegenüber zu engen Weltbildern oder das Formulieren von eigenen Haltungen, Werten und Ideen. Dabei sollte es hier nicht um einen Kampf der Armen, um Status gegen die Reichen gehen, sondern um vom Status befreite Wertschöpfungsprozesse. Wer nicht bereit ist Status zu verlieren, auch mal dumm dazustehen, kann sich nicht entwickeln.

Wenn Sie aber heute versuchen in oder mit einem Unternehmen neue Wege zu gehen, werden Sie permanent von Statusfragen behindert, die sich in scheinbaren Sachzwängen und Hierarchien verstecken.

Ich selbst erlebe die Konsequenzen aus meiner Zivilcourage in Form bürokratischer Brutalität, aber auch die Ablehnung meiner innovativen Arbeit mit Firmen. Laut einer SachbearbeiterIn des Jobcenters führt der Weg zu mehr Wohlstand in Deutschland, also zur vermeintlichen Entlastung des Sozialstaats, was eben nicht dasselbe ist, über die erzwungene Integration meiner Person in den Arbeitsmarkt. Genau genommen über fünf Bewerbungen am Tag, die ich an Unternehmen richten soll, die meine selbstbestimmte

Arbeitskraft und mein eigenständiges Angebot mit Füßen treten oder ignorieren. Obwohl es in ihrer gesellschaftlichen Verantwortung läge, hier mit mir in einen Dialog zu treten, an dessen Ende für beide Seiten eine Mehrwert entstehen kann. Man hat zu viel Angst vor den Vorschlägen der scheinbar Untergebenen. Dass, wie in meinem Fall, der Weg über die Verweigerung zur Zusammenarbeit führt, kann die Sachbearbeiterin sich nicht vorstellen. Ich belege meine ökonomische Kompetenz, indem ich mich aus ihren zu vereinfachten Regelungen befreie. Auf diesem Weg ermögliche ich es gegebenenfalls einem Dritten darauf aufmerksam zu werden, dass ich unter Umständen viel mehr zu bieten habe, in meinen selbstständig formulierten Bedürfnissen ein anderer Markt liegen könnte. Tatsächlich habe ich zahlreiche unkonventionelle Tools und Ansätze entwickelt, in denen Unternehmertum innovativ gefördert wird. Es sieht aber nicht aus wie das, was man gewohnt ist. Positive Destruktivität als systemkreativer Input, zur Belebung der ökonomischen Entwicklungskompetenz. Man sollte nicht vergessen! Vielfalt macht jedes System krisenfester. Das ist das Geheimnis von medizinischen Impfungen. Die Vielfalt kleiner Krisen sorgt für höhere Intelligenz beim Immunsystem. Ein Gedanke der für die einfache Struktur und Aufgabenverteilung im Jobcenter schwer nachvollziehbar ist und sogar gemaßregelt wird, weil es ihre Autorität in Frage stellt. Es geht also auch hier von Seiten des Staates wieder nicht um die Vermehrung von Wohlstand, sondern um Machtmissbrauch durch Behörden. Ein Paradoxon: Solche Menschen sollten im Staatsdienst in diesen Positionen nichts verloren haben, da sie bei genauer Betrachtung der Volkswirtschaft eher schaden als nutzen, sie gleichzeitig jedoch genötigt sind blind und taub zu agieren um die eigene Stellung zu erhalten.

Natürlich spielen hier noch andere Faktoren eine Rolle. Würde der volkswirtschaftliche Wert von Menschen in Armut nicht regelmäßig künstlich aberkannt oder sogar zerstört, zerbräche beispielsweise auch der Status der Mittel- und Oberschicht, welcher ähnlich wie bei den Eliten in der

Abgrenzung zu den Ärmeren generiert wird. Man könnte sich selbst nicht mehr entlang dieser Grenze definieren, legitimieren und überhöhen. Das klingt für Manche dramatisch. Im Grunde ist das nur der Fall, wenn man die unmittelbare Leistung, das Abenteuer der Arbeit, die Entwicklung neuer Produkte fürchtet. Sich in der Stellung, in der zugewiesenen Rolle vor dem Fortschritt verstecken will, weil man selbst fürchtet, nichts Wert zu sein, wenn erkannt wird, wie lächerlich die Verhältnisse in den Wertestrukturen und Hierarchien vieler Unternehmen sind. Die einen werden solange befördert, bis sie nicht mehr kompetent sein können, während die anderen Dienst nach Vorschrift machen, um ihren Status nicht zu gefährden. Engagierte, kreative Menschen erscheinen darum als Gefahr für das durchschnittliche Büro. Volkswirtschaftlicher Irrsinn! Wie nur konnte man Führungskräfte derart selbstzerstörerisch ausbilden?

Warum verdienen Ärzte mehr als Mechaniker? Irrtümer der Belohnung.

Die Arbeitswelt ist voller Mythen und Vermeidungen, welche den Armen als Orientierungspunkt benötigen. Viele Menschen denken ein Arzt verdiene mehr als eine Verkäuferin, weil er mehr leistet, weil er eine höhere Form der Qualifikation vorweisen kann. Leistung ist eine relative Größe. Für unterschiedliche Individuen kann dieselbe Leistung eine unterschiedlich hohe Leistung bedeuten. Jemand der intelligent geboren wurde, ein gutes Gedächtnis hat und leicht lernt, kann ein Medizinstudium mit deutlich geringerem Aufwand abschließen, als eine Person, die zwar viele soziale Kompetenzen hat, gut Gespräche mit Patienten führen kann, aber sich schwertut das entsprechende Fachvokabular zu merken. Wenn Leistung wirklich das Kriterium für den höheren Wert einer Dienstleistung, oder des Wissens eines Menschen bedeutet, müssten weniger talentierte Leute mehr verdienen, weil sie es viel schwerer hatten sich dieses Wissen anzueignen. Es sind ja auch Produkte teurer, die einen weiteren Weg zurücklegen mussten.

Natürlich kann man dem entgegnen, dass die Leistung in Bezug auf den Nutzen für die Gesellschaft gemessen wird. Doch wie lässt sich das messen, in einer Welt die ständig neue Formen von Leistung benötigt, darin neue Bedürfnisse erzeugt, aus denen neue Werte und Nützlichkeiten entstehen, um wiederum Wachstum zu erzeugen? Und warum ist ein Diamant nützlicher als ein Spaten?

Die Höhe der Gehälter hängt vielleicht mit völlig anderen Kriterien zusammen? Hier noch ein Beispiel:

Ein Handwerker vollbringt unter Umständen eine deutlich höhere Leistung, als ein Staatsanwalt, wenn er beispielsweise eine wertvolle Geige baut, bekommt aber dennoch weniger bezahlt, als der Staatsanwalt, der vielleicht eine Woche lang nur Akten las. Was in der Bewertung den Unterschied ausmacht, ist häufig allein die Komplexität von Tätigkeiten. Wobei sich auch hier in die Tasche gelogen wird. Die Arbeit, die ein Handwerker vollbringt, ist nur scheinbar weniger komplex, als die eines Chirurgen. Der Chirurg kann die Komplexität einer ganzen Wissenschaft in die Rechnung einbeziehen, während es dem Handwerker nicht möglich ist, seine ganze Lebenserfahrung, oder jene seiner Zunft mit zu berechnen. Auch ein Abflussrohr wurde über Generationen hinweg, quer durch Weltkulturen, mit sehr viel Aufwand entwickelt. Könnte die zunächst nur angenommene aber nicht zwangsläufig umgesetzte Kompetenz, wie beim Arzt abgerechnet werden, wäre ein Tisch vom fünfzigjährigen Tischler teurer als einer vom Zwanzigjährigen. Nun ist es sehr fraglich, ob 20 Jahre Erfahrung als Handwerker weniger Wert ist als fünf Jahre Studium an einer Universität. Natürlich übertreibe ich hier. Auch spielt höheres Risiko eine Rolle. Ein Obdachloser, der unterbezahlte Gelegenheitsjobs annimmt, die er nur machen kann, weil er keine Wohnung bezahlen muss und sich darum weit unter Wert verkaufen kann, macht möglicherweise diese Arbeit unter deutlich höherem Risiko, als ein Zeitsoldat. Ein Zeitsoldat hat ein geringeres Risiko zu erfrieren.

Letztlich könnte man sagen, dass für jeden Job beliebige Kriterien herangezogen werden können, weshalb dieser besser bezahlt werden sollte. Müllbeseitigung ist ekelig. Büroarbeit fördert Depressionen. Der Wirtschaftskriminelle lebt unter dem ständigen Druck erwischt zu werden. Was ist der tatsächliche Hintergrund der unterschiedlichen Bezahlung?

Anwälte, Ärzte, Manager werden vielleicht darum deutlich besser bezahlt als Schriftsteller, Mütter oder LokomotivführerInnen, weil, wer höher bezahlt wird, zufriedener ist und darum nicht am System zweifelt. Zufriedenheit ist hier erwünscht, während man beim Arbeiter ein Klima der Unzufriedenheit anstrebt, er scheinbar nicht genug Druck aufbauen kann, keine Lobby hat. Was ist hier los?

Die Berufsgruppen an den Schaltstellen müssen künstlich höher bewertet werden als Menschen, die im Beruf keinen tieferen Einblick in systemrelevante Zusammenhänge haben. Wer weniger Bezahlung bekommt, hat auch weniger Möglichkeiten seine Kritik öffentlich zu machen. Wären Ärzte schlecht bezahlt, würden sie Fragen stellen und kritischer werden. Was der Pharmaindustrie Probleme machen könnte, um nur ein Beispiel zu nennen. Außerdem haben sie wegen ihrer hohen Bezahlung mehr zu verlieren, und werden sich eher überlegen, ob sie an Demonstrationen und Streiks teilnehmen, während die unterbezahlte Verkäuferin sofort mit dabei ist, weil sie eh nichts zu verlieren hat. Schlimmer kann es für sie kaum noch werden.

Es gibt also gute Gründe, weshalb viele Berufsgruppen künstlich arm gehalten werden, während andere privilegierter sind. Höhere Belohnung macht uns letztlich auch korrupt und trainiert uns von den Unternehmen erwünschtes Verhalten an.

Dies bedeutet aber zugleich, dass die Perspektive der weniger Privilegierten nun umso wichtiger erscheint. Wenn ihre Arbeit nicht weniger wert ist, aber ständig aus dem Markt rausgehalten oder unterbewertet wird, wäre es doch denkbar, dass eine Aufwertung ihrer Arbeit zu einer viel großartigeren Welt führen könnte. Es könnten mehr Werte geschöpft werden, für die aktuell kein Geld da ist, weil diese Tätigkeiten nicht ausreichend bezahlt und dadurch verhindert werden. Es würden sich ziemlich alle Regeln der Wirtschaft verschieben.

Da der Normalbürger davon ausgeht in einer freien Marktwirtschaft zu arbeiten, bleiben diesem die tatsächlichen Faktoren verborgen, die entscheiden, ob ein Produkt, eine Arbeit, eine Leistung in einem Markt Erfolg hat und angenommen wird. Angebot und Nachfrage sind nicht das, was Märkte bestimmen. Konsum und Arbeit sind nicht voneinander getrennt zu betrachten. Sie sind miteinander verzahnt. Im Job wird Verhalten und Wertehierarchie antrainiert. Im Markt wird das in der Abhängigkeit antrainierte Verhalten abgefragt, um den in der Arbeit verdienten Lohn abzuschöpfen. Das ist ein regulierter Kreislauf, der über Zugehörigkeit zu einer Gruppe funktioniert, weniger über freie Auswahl. Der Markt wird gezielt begrenzt. Wesentlich ist hier die Abspaltung und der damit einhergehende Zwang eigene und ganz persönliche Bedürfnisse zu reduzieren, sie dem Belohnungssystem anzupassen. Man kauft die Autos, die auch die Kollegen kaufen. Man zieht sich ähnlich an, definiert Erfolg und Wohlstand anhand vergleichbarer Markenattribute.

Sie müssen ein tolles Auto haben wollen, um Belohnung und Aufstieg im System erwarten zu können. Sie müssen scheinbar Randgruppen genauso verachten, wie ihr Chef, um zu diesem Nähe aufzubauen. Das vielfältige Angebot wird künstlich reduziert und die Belohnung geht über den Status, der dann gelenkt werden kann und vorhersehbar ist. Dieser Faktor wird stets vernachlässigt, als sei der Markt tatsächlich ein Ort freier Auswahl und Entscheidungen. Die Einschaltquoten im Fernsehen sind eben keine freie Entscheidung. Um im Büro mitreden zu können, geschieht eine Anpassung an immer weniger immer ähnlicheren Formaten. Tatsächlich werden andere Bedürfnisse mit sozialem Abstieg bestraft. Sie müssen diese Werte kaufen, weil Sie sonst nicht zu Ihren Kollegen passen. Das Ergebnis sind globalisierte Märkte, die von wenigen Global Playern dominiert werden, mit Produkten, die jeder haben muss, um einen Job oder Freunde bekommen zu können. Die Armen werden dadurch zum Sammelbecken verhinderter Konkurrenz, was natürlich für die Mittelschicht nur erträglich ist, werden diese dämonisiert. Die modernen Märkte werden also nicht von Angebot und Nachfrage gestaltet, sondern von Abspaltung und Entwertung der Konkurrenz und dem Druck zur Zugehörigkeit. Umso mehr Abspaltung passiert, umso verunsicherter sind die Teilnehmer des Marktes, weil es natürlich innere Integrität abbaut, sich ständig anderen anzupassen und keine eigene Meinung mehr zu vertreten. Darum brauchen diese braven MitarbeiterInnen wie ein Junkie unbedingt diese Marken und sind bereit dafür als Sklave zu arbeiten. Indem Sie ihre Bedürfnisse alle abschalten, um das zu erreichen, verhindern sie breiteren Wohlstand, für die anderen, deren Produkte sie nicht kaufen, weil sie davon keinen Status ableiten können. Darum ist das was ich sage derart schwer zu verdauen. Weil es bedeutet, dass die Wertvorstellungen der Arbeiter in Wahrheit viel mehr die Ketten sind, mit denen die Oberschicht sie von ihren eigenen Bedürfnissen fern hält und von vorhersehbarem Verhalten abhängig macht.

Nicht nur der technologische Fortschritt, die Roboter, dünnen die Arbeiter aus. Es ist die Denkweise der modernen Wirtschaft selbst, die den Arbeiter gegen den Konsumenten ersetzen will, weil der Konsument die Wirtschaft und den Markt braucht, aber der Arbeiter nicht zwangsläufig die Wirtschaft, wie sie sich die Eliten vorstellen. Immer mehr Menschen werden auf diese Weise aus dem Markt gedrängt und sind gleichzeitig gezwungen, die geringe Vielfalt an Waren zu kaufen, wodurch die Gewinne in die Hände immer weniger Firmen gespült werden.

Wer also individuelle Bedürfnisse entwickelt und einfordert, setzt Ressourcen und Kräfte in der Gesellschaft wieder frei. Bedürfnisse sind positiv gewerteter Mangel, den wir brauchen, um uns auf die Reise zu begeben, die Innovationsentwicklung bedeutet. Was auch immer in der jeweiligen Zeit darunter zu verstehen ist. Bewusst will ich das hier noch nicht konkretisieren. Es ist wertvoll, dass dieser Gedanke in Ihnen vielleicht andere Überlegungen auslöst als in mir.

Nur der selbstbewusste Mensch kann sich von den Ketten des Zugehörigkeitszwangs befreien und echte Beziehung entwickeln. Der Gruppenzwang ist eben keine Beziehung zwischen Individuen, sondern eine Vereinheitlichung der

Interpretation einer Welt, einer Erfahrung, eines Gedankens. Echte Beziehung zu entwickeln ist sehr viel Arbeit und in den Zwischenräumen, in den Diferenzen zwischen Menschen, Werten und Vorstellungen, passiert ein authentisches „Wir", in dem mehr Alternativen sein können. Darauf könnte dann in Folge ein tatsächlich freier Markt aller Waren basieren. Zunächst ist es ein Gedanke, wie auch der Kapitalismus oder der Sozialismus am Anfang Gedanken waren. Vielleicht ist es eine Emotion, eine Ahnung, ein Gefühl. Ein anderer Blick auf das Leben. Angeblich sind die Utopien tot. Daran glaube ich nicht. Natürlich war die Vorstellung man könne Utopien 1:1 umsetzen eine törichte Vorstellung. Ohne aber Utopien zu entwerfen, gibt es keine Entwicklungsprozesse. Gegenentwürfe sind fruchtbar und müssen überhaupt nicht die Lösung sein, um großen zivilisatorischen Wert zu entfalten.

Weil Abgrenzung und Spaltung gegenüber den scheinbar weniger wertvollen Berufs- und Randgruppen für den modernen Menschen derart entscheidend sind, um den scheinbaren Selbstwert zu erhalten, der auf minimalen Bedürfnissen beruht, die wiederum auf die Wünsche der Industrie zugeschnitten sind, wird die Abweichung von der Norm für denjenigen, der es sich finanziell nicht leisten kann, schnell zur Abwärtsspirale und zum sozialen Abstieg, der den finanziellen Ruin zur Folge hat, weil er diesen zur Folge haben muss. Es ist das Sich-lossagen von der Gruppe, welches bestraft wird. Nicht so sehr die Tatsache, dass man arbeitslos ist, oder in prekären Verhältnissen lebt, um beispielsweise etwas Neues zu entwickeln. Abweichende Bedürfnisse zu haben wird einem in unserer Gesellschaft zum Verhängnis. Der Vorwurf, ein Träumer zu sein, ist der Vorwurf eigene Wünsche zu haben, die noch nicht derart vom Druck des Arbeitsalltags verkleinert wurden, dass sie dem Verwertungsvorgaben der Industrie entsprächen. Wünsche zu formulieren birgt eine latente Gefahr für die Autoritäten, da keine Zuordenbarkeit gegeben ist, keine Kontrolle ausgeübt werden kann.

Die moderne Arbeitswelt mit ihren Denkenmustern entlang von Titel, Status, Auf- und eben auch Entwertung der Arbeit, verstärkt den Mechanismus der Verarmung und macht es den Menschen in Armut derart schwer diesem zu entkommen. Da ist es natürlich wenig fair, wenn gerade diese besser gestellten, den Armen ständig vorwerfen, für sie eine Belastung darzustellen.

Nicht die Arbeiter benötigen diese Muster, sondern die Eliten tun es, um den Arbeiter zu steuern. Es müssen quasi laufend Arbeitende entwertet werden, um die Gewinne für die Unternehmen zu erhöhen und die Kosten der Arbeit zu schmälern.

Wie aber durchbricht man die Spaltung, erhöht die Vielfalt an individuellen Bedürfnissen?

Indem die Dunkelheit, der Ekel, als Projektion der eigenen Überhöhung erkannt und als verlorenes Wissen neu integriert wird. Es ist das Wesen des Paradoxons, der Wahrheit stets ein Stück näher zu sein. Wer arm ist, ist reich. Der Schuldige ist unschuldig. Sowohl als auch. Was getrennt war, kommt wieder zusammen und wird relativiert.

Wer durch Arbeitslosigkeit scheinbar zum Problem wird, ist immer Botschafter einer Problemfrage. Statt den Boten zu erschießen, sollten wir lieber die Botschaft lesen! Darin steckt das Wissen, welches mit der Sprache des Prekariats zu uns spricht. Die emotionalen Krisen einer Gesellschaft zeigen sich zwar zuerst bei denen die nichts haben, sind aber darum nicht nur ein Problem der Unterschicht. Dort scheinen sie erklärbar und sind sichtbar, wohingegen das drogenkranke Neureichentöchterchen zur Therapie kann und erst bei Teenagerschwangerschaft oder Suizidversuch auffällig wird.

Weil der Normalbürger das Privileg hat eine Krise zu verdrängen, sie sich im Konsum und Abgrenzung durch Eigentum auf Distanz zu halten, muss er sich den tieferen Zusammenhängen und quälenden Fragen nicht stellen. Diejenigen Menschen, die sich konstruktive Ablenkung finanziell nicht leisten können, und denen auch kein Gehör geschenkt wird, brüllen sich im Zweifel gegenseitig an, bis die Polizei kommt. Ihr Verdienst ist es, just diese Ressourcen und Informationen sichtbar und für ein Aufmerksames gegenüber verwertbar zu machen. Weil dies ihnen jedoch häufig nicht bewusst ist und auch keinesfalls als Wert oder Leistung honoriert wird, entwickeln sie kein Selbstbewusstsein für ihr Tun, ihr Sein und bieten eben diesen Wert nicht in einem freien Markt der Kompetenzen an. Könnten die Gescheiterten, die Verachteten, die Ausgestoßenen selbstbewusst auftreten, wären sie in der Lage den Bürger aus dem „Zwang zur Zugehörigkeit, auf Kosten der eigenen Bedürfnisse“, zu befreien. Diese paradoxe Feststellung soll nicht zur Idealisierung jener Konflikte führen, sondern schlicht aufzeigen, wie die Armut eine wichtige Rolle in einer Gesellschaft spielt bzw. spielen könnte, die endlich konstruktiv genutzt werden sollte.

Vor zehn Jahren schrieb ich, wir sollten dem Dieb danken, dass dieser uns die Ungerechtigkeit der Welt vor Augen führt, statt ihn wegzusperren und die Ungleichheit bestehen zu lassen. Das ist auch heute noch aktuell.

Wer das Richtige tut, tut das Falsche! Wer Fehler begeht, macht keine Fehler.

Stehe ich als Einzelner auf und sage, was ich denke, verliere ich in dieser Welt zu oft meinen Job, werde meiner Rechte beraubt. Und gerate ich in Armut, werde ich wie ein Verbrecher behandelt. Alles was nicht sofort stimmt und abgesichert ist, steht im ständigen Verdacht wertlos zu sein. Dabei sind es die ersten Schritte auf dem Weg zu einem umfassenderen Verständnis eines neuen, eines inneren Kontinents, voller Entwicklungspotenzial. Es ist uns als scheinbar weniger Erfolgreiche verboten in einem weiteren Kontext zu leben und kompliziert zu sein, weil es uns verboten ist reichhaltig und vielfältig zu sein. Je vielfältiger wir leben, desto freier ist unser Denken und umso intelligenter. Umso mehr Vielfalt kann darin gedeihen, was die echte Basis von breitem Wohlstand und hoher Innovationsdichte ist. Dieser Gedanke steht im großen Widerspruch zu den meisten anderen Gesellschaftansätzen und zum Wissenschaftsbegriff, der sich im 19. Jahrhundert durchgesetzt hat. Es lohnt daran festzuhalten und gleichzeitig einen neuen Weg zu beschreiten, da ohne das, was wir als „irrational“, „subjektiv“ oder „dunkel“ bezeichnen, kein freier Selbstausdruck möglich ist. Wenn nur noch die Sprache der Analyse oder des Marketings gesprochen wird, können andere Lebenswirklichkeiten nicht mehr sichtbar werden. Sind alle Menschen zu Wissenschaftlern oder seriösen Profis geworden, ist niemand mehr da, der das Leben unmittelbar und ohne Distanz weiterlebt. Der sich einlässt auf etwas Unbekanntes.

Die Verachtung der Armen, der „Entwicklungsnahen“, die ja angeblich noch nichts sind, ist darum die Verachtung des Wohlstandes, die Verachtung der Fülle selbst. Ein Paradoxon, welches Sie sich zu vergegenwärtigen sehr viel Zeit nehmen sollten. Denn es ist der Schlüssel zur Lösung einiger der spannendsten Problemfragen unserer modernen Politik. Denn alternativlos erscheint uns die moderne Welt nur aufgrund des eklatanten Mangels an aussprechbaren, an kommunizierbaren, individuellen Erfahrungen und Bedürfnissen. Bedürfnisse, die Kräfte in sich bergen, welche Bewegung motivieren könnten. Also ein Vorwärtsgehen, ein Suchen nach unmittelbaren und ganz eigenständigen Antworten. Dabei würden Einblicke entstehen, die aufzeigen, wie dort Wertschöpfung entsteht, wo wir sie nicht vermuten. Was der Normalfall wäre, denn Fortschritt ist normalerweise eine Überraschung. Sie ist es nur dann nicht, wenn in der Bevölkerung kaum noch subjektive, individuelle, noch nicht marktgerechte Bedürfnisse und Verortungen vorhanden sind, weil diese im Anpassungsdruck verschüttet wurden und der Mensch darum keine Innovationen mehr hervorbringt, sondern nur noch Formen von schneller, billiger, kleiner, was die Zukunft der Menschheit vorhersehbar und für bestimmte Interessensgruppen leichter kontrollierbar macht. Technologien wie Google sie benutzt, bündeln Bedürfnisse, verdichten sie und konsolidieren den Prozess der Entdeckung des Neuen, durch das Aussieben von unerwarteten Ergebnissen. Es ensteht dadurch ein Tool, mit dem die Zukunft vorhersehbar ist, was unendliche Macht bedeutet. Dann gibt es den Konzernen schließlich die Möglichkeit Lebensbedingungen als „normal“ und „anerkannt“ zu labeln und abweichende Handlungen frühzeitig erkennen zu können. Auf diese Weise kann leicht verhindert werden, dass die Bevölkerung je auf die Idee kommt die Problemfragen unserer Zeit würden vielleicht nicht von Wirtschaft und Wissenschaft, von Technologie und den Waren der Großindustrien gelöst, sondern von unmittelbareren Ressourcen, wie der Kultur, oder der hier beschriebenen Akzeptanz des Wertes von Krisen und der Notwendigkeit sich auf Lebensrisiken einzulassen. Vielleicht sogar die Erkenntnis, dass wir keine Lösung wollen, sondern ein Akzeptiertwerden, mit den Schwächen und Stärken, die uns ausmachen. Eine Intervention, die in der Regel deutlich billiger und wesentlich wirkungsvoller ist, jedoch den Vorstellungen der Konzerne zuwiderläuft, die keine freie Entfaltung der Kultur wollen, weil sie wissen, welche Macht und Kraft darin freigesetzt werden kann.

Die Reduktion des Menschen im Job, ist der Wohlstand der Wenigen auf Kosten der Vielen.

Wollen wir in dieser beschränkten Wirtschaft einen Status erreichen, sind wir gezwungen unsere Komplexität und unser differenziertes Wissen auf ein erlaubtes Minimum zu reduzieren. Wir nennen es Spezialisierung, während es viel mehr eine Form der Selbstzerstörung ist. Das ist die Perversion der modernen Arbeitswelt. Sie muss den Reichtum der Welt, die Vielstimmigkeit, etc. loswerden und nennt diesen darum wertlos. Täte sie dies nicht, könnte Reichtum nicht künstlich kanalisiert werden. Der Ausschluss von Werten aus dem Markt ist die Grundvoraussetzung für die Ausbeutung des Menschen und der Umwelt. Der vorhandene, große Wert des ganzen Planeten muss negiert werden, damit die einzelne Ware als etwas Besonderes hervorgehoben werden kann. Der Mangel an integrierter Vielfalt erzeugt Ungleichgewichte, die Suchtverhalten und Orientierungslosigkeit fördern. Der Mensch versucht den Mangel an natürlicher Fülle, die Abwesenheit von innerem Glück, durch Konsum zu kompensieren. Ein Kreislauf der zu mehr Konflikten, Spaltungen und Abgrenzungen führt und damit Lebensbedingungen betoniert, sowie Emotionen wie Neid,

Missgunst, Konkurrenzverhalten hervorbringt. Was dann zu Macht und Status einiger Weniger führt. Dies kann nur gegen das Leben selbst gerichtet passieren. Darum empfinden viele Menschen den Kapitalismus als einen Mechanismus der Verhinderung und der Lebensfeindlichkeit. Natürlicher Reichtum wird entwertet, weil dieser von der Teilhabe an den Finanzmärkten ausgeschlossen ist. Reichtum, die Sperrigkeit, Kompliziertheit, Unwillen genannt wird. Der Mensch als Mensch darf nicht genügen, sondern muss durch ein Studium, ein Handwerksdiplom, einen Beruf weniger werden. Somit wagt der Normalbürger sich niemals dorthin, in dieses fremde Land, in dem Menschen nach ganz anderen Regeln, Vorstellungen und Gefühlslagen existieren und vielleicht zumindest teilweise über mehr Wissen verfügen, weil sie in einem komplexeren Lebensraum leben. Ein Ökosystem voller Möglichkeiten ist einem künstlichen Finanzmarkt in vielem überlegen, aber deutlich schwerer zu dominieren. Man kann nicht Wohlstand und Kontrolle gleichzeitig erreichen. Fälle wie China funktionieren nur, weil Know-How aus dem Westen dort hin abgewandert ist. Wo aber sind die intellektuellen Leistungen, die einen zivilisatorischen Fortschritt bedeuten?

Natürlich kann man diese Frage auch an den Westen richten und sollte dies auch tun.

Es ist wichtig anzuerkennen, dass unglaublich viele Menschen versuchen etwas zu ändern, sich engagieren, etc., aber kaum eine Idee zu Armut und Wirtschaft aus der Gesellschaftsmitte kommt, und die wenigsten Menschen wagen, diese Themen auf sich zu beziehen und zum eigenen Anliegen zu machen. Auch gibt es oft genug die Hoffnung, doch noch reinzupassen, durch Anpassung und Negation der eigenen Bedürfnisse, die die von Armut Betroffenen von konsequenteren Haltungen wie auch Handlungen abhalten.

Das stille Unbehagen in vielen Menschen, basiert auf der Ahnung, dass ihnen viel genommen wird. Dieses Ungleichgewicht erzeugt Aggression und jenes Gegeneinander, welches wir vollends automatisiert und unbewusst betreiben, in dem Versuch die eigene Position, die eigene Realität zu erkämpfen. Weil Menschen diesen Weg nicht weiter gehen dürfen, weil sie brav sein sollen und unauffällig, gelangen sie nie zur Klarheit über das, was sie wirklich wollen, wirklich wissen, tatsächlich erleben.

Daraus lässt sich schlussfolgern: Die Sperrigen, die uns Probleme bereiten, haben unseren Respekt verdient. Denn sie versuchen im Sinne Platons die Kugel wieder zusammen zu fügen, die Ganzheitlichkeit zu erreichen.

Das Unwissen der Massen und ihre neurotische Verachtung gegenüber den Armen.

Die Mittelschicht ist die am schlechtesten informierte Gruppe innerhalb moderner Gesellschaften. Sie sehen wenig, haben keine Zeit über Dinge nachzudenken und sind das Hauptziel der Werbung, die ihnen ständig einredet, die Welt sei in Ordnung und sie gehörten zu den Guten. Mit demjenigen, der Probleme hat, muss folglich etwas nicht stimmen. Man selbst braucht sich nicht den eigenen, inneren Dämonen zu stellen. Jenen Schatten, die den Ausstoß aus der Gruppe zur Folge haben könnten. Es stimmt nicht, dass die Armen weniger verdrängen als die Wohlhabenden. Sie zahlen aber einen deutlich höheren Preis um Vermeidung aufrecht zu erhalten. Die Konflikte entgleiten ihnen öfter und werden sichtbar. Würden diese ohne Bewertung betrachtet, käme strukturelles Wissen zum Vorschein und die Struktur spräche gewissermaßen durch Menschen in Krisen.

Während weite Teile der Mittelschicht beispielsweise den Umstand ausblenden, dass man auch heute noch in eine bestimmte Familie hinein geboren, einen bestimmten Stallgeruch haben muss, um in Deutschland ein Topmanager werden zu können, ist es den Ärmsten häufig viel klarer, welche Ungerechtigkeiten, welche tatsächlichen Mechanismen Wirtschaft und Gesellschaft gestalten, um nur ein Beispiel zu nennen. Denn den Armen gegenüber verschleiert sich weder die Politik noch der Besitzstand. Die Armen werden nicht belogen, weil sie als außerhalb der Gesellschaft stehend angesehen werden.

Wer arm ist, erfährt ungeschönt, wie eine Gesellschaft denkt, was sie fühlt, was sie fürchtet und wer in ihr zu Wort kommen darf. Die Tabus, die Verdrängungen. All das wird nicht vor ihnen verborgen.

Man könnte auch provokant formulieren, dass ohne Armutserfahrung ein großer Teil der Bevölkerung ein Leben unter einer Käseglocke verbringt. Ein Leben, in dem Verantwortung an Politiker und Vorgesetzte abzugeben einem ein ruhiges und angenehmes Leben bescheren kann und kaum jemand in modernen Gesellschaften jene persönliche Verantwortung und Einsichtigkeit im täglichen Leben mitbringt, die von den Armen immerzu verlangt wird. Der Arme soll der bessere Bürger sein, wie die Frauen die besseren Führungskräfte sein müssen, um überhaupt mitreden zu dürfen.

Der Armut hängt eine gewisse Hysterie an, wodurch leicht vergessen wird, dass wir an Krisen wachsen und der Mensch Herausforderungen braucht, um sich zu entwickeln. Doch nur wenn der Entwicklungsprozess selbst erlaubt ist, können die Armen in der Armut Stärke entwickeln. Dies braucht Zeit und Existenzangst ist kein hilfreicher Weggefährte. Zu dieser Erlaubnis gehört sicherlich auch ihr ungehinderter Zugang zu Bildung und noch wichtiger, zu jenem Wohlstand, der das Interesse für Bildung erst hervorbringt. Einen von dem Leben in Reflexen des unmittelbaren Überlebenskampfes zu befreien, ist erforderlich. Wer im Prekären leben muss, steht unter permanentem Rechtfertigungsdruck, psychisch und materiell. Wir alle kennen wie gesagt die Armen, die ständig Konflikte provozieren. Wer selbst arm gewesen ist, begreift, dass dies an den Lebensumständen liegt, die keine Distanz, keine Großzügigkeit in den Weltbildern zulassen. Es erfordert eine unglaubliche Stärke und innere Disziplin, um aus der Armut heraus konstruktiv, zielgerichtet und abgegrenzt vorzugehen. Der Selbstwert ist ständig unter Beschuss und innere und äußere Gewalt eine direkte Folge davon. Es sind die Lebensumstände, die das Bild ergeben, welches wir abfällig als Milieu bezeichnen. Es liegt nicht an den Menschen selbst.

Wir sehen den aggressiven Armen und denken diese Aggression sei nicht konstruktiv. Sie ist der Versuch Integrität zu erlangen und eine eigene Sicht haben zu dürfen. Wurde einem diese lange genug verwehrt, ist man eben nur noch in der Lage zu brüllen. Weil hier viele Vorurteile und viel Unwissen über psychologische Zusammenhänge herrschen, braucht es Zeit, bis wir diesen Umstand sehen können. Wenn wir uns angesichts der Armut – gegenüber einer von Armut betroffenen Person, nicht selbst stets derart moralisch überhöhen würden, sondern die Dinge etwas lockerer und großzügiger betrachten könnten, wäre schon viel getan. Niemand von uns ist perfekt. Destruktion ist die Vorstufe zu Integration. Die Ordnung muss erst einmal zerschlagen werden, um sie selbst neu zusammensetzen zu können, bis es stimmt. Wir haben nicht das Recht über diese Prozesse zu urteilen, nur weil sie uns lästig sind und unserem verfestigten Bild eines reibungslosen Ablaufs widersprechen.

Zu oft wollen NGO, Institutionen und „Helfende" nur die Menschen ändern, nicht die Lebensumstände. Es sollen nette, fröhliche Bürger in Baracken sitzen und sich dann daraus von selbst befreien, indem sie einfach aufstehen und morgens zur Arbeit gehen. Eine unglaublich naive Vorstellung.

Darum scheitern die meisten Konzepte wie zum Beispiel „Hilfe zur Selbsthilfe" oder „Fördern und Fordern". Sie erwarten von den Armen das souveräne Verhalten von gutbürgerlichen Menschen, während an den Lebensbedingungen, die jeden in Sucht, Aggression, Verwahrlosung oder Verblödung treiben würden, nichts verändert wird. Können sie es sich nicht leisten mit den Kindern in den Zoo zu gehen, muss der Fernseher für die nötige Abwechslung sorgen. Jede Beziehung, in der ein Partner sich finanziell nicht über Wasser halten kann, ist extrem belastet. Studien belegen, dass dies in besonderer Weise zutrifft, wenn der Mann betroffen ist. Keine Familie hält ewig die Konfrontation mit immerzu neuen Formen des Elends aus, ohne in sich zu zerbrechen. Armut erzeugt soziale Bruchstellen und nicht umgekehrt. Soziale Bruchstellen erzeugen nicht zwingend

Armut. Mit einem guten Gehalt und einer 100qm Wohnung kann ich mir leisten dem Partner aus dem Weg zu gehen und die angestauten negativen Emotionen mit Urlaubsreisen oder teuren Therapien zu übertünchen. Wer nichts hat, was eine Distanz ermöglichen könnte, muss sich irgendwann selbst isolieren.

Solange die Armutsbekämpfung sich allein der Frage widmet, wie den Armen kurzfristig geholfen werden kann und nicht der Frage, was in der Gesamtgesellschaft geändert werden müsste, wird die Armut nicht wirklich reduziert. Und die Gesamtgesellschaft bleibt der nächsten Stufe ihrer Entwicklung fern, weil sie sich den eigenen Schatten nicht stellt. Armutsbekämpfung ohne Entwicklungsbereitschaft bei denen die haben und bei den Firmen, ist nichts Anderes als Fortschrittsbekämpfung.

Erst wenn die Armen im übertragenen Sinne in denselben Häusern leben dürfen, wie der Normalbürger, werden sie sich auch wie solche verhalten. Darum denken moderne Sozialsysteme falsch. Die Lebensbedingungen müssen sich ändern, damit das Verhalten sich ändern kann. Damit bestimmte Werte entstehen, welche zivilisatorische Werkzeuge der Lebensgestaltung sind. Breiter Wohlstand wird möglich, wenn mehr Menschen in Lebensbedingungen leben können, die wir mit Wohlstand assoziieren. Nicht indem wir es den unteren Schichten schwerer machen, nach oben zu gelangen. Dass sich Herausforderungen stellen, um Fortschritt und Innovation zu provozieren, wie oft argumentiert wird, kann aber nur über alle Schichten hinweg, gemeinsam passieren und nicht in der Unterdrückung der einen Schicht gegenüber der anderen. Im Sinne von: „Das tut denen gut, wenn die schuften müssen! Dann kommen die auf neue Ideen und leisten mehr.“ Das ist absurd, wenn die Eliten gleichzeitig passiv verharren und deren Zutun unerkannt bleibt. Wertschöpfung muss heute nicht erkämpft werden, um passieren zu können, sondern ist viel mehr in unserer Zeit eine Frage der intelligenteren Organisationsstrukturen, in einer Gesellschaft. Hier muss im Denken ein neues Paradigma passieren! Das ist eine kulturelle Frage, die man zur Abwechslung mal an Innovationsentwickler stellen sollte statt an Juristen und

Bürokraten. Erst wenn die Armen Gleichberechtigung im Zugang zu Wohlstand einfordern, kann man auch von ihnen erwarten zu Wertschöpfern im traditionellen Sinne zu werden. Sie sind jetzt bereits Wertschöpfer. Nur wird das nicht gesehen, weil es nicht immer daher kommt, wie das obere Ende der Wertschöpfungskette.

Reflexartig fordern wir, damit meine ich den konditionierten, westlichen Menschen, die Armen sollten sich diese Stellung erst erarbeiten. Von dieser Behinderung haben wir jedoch letztlich nichts, außer einer Form falscher Genugtuung gegenüber Schwächeren. Es ist zentral zu begreifen, dass deren Wohlstand unser Wohlstand ist. Warum sollte es sinnvoll sein, dass sie ebenfalls hundert Jahre benötigen, um diese Stufe des Wohlstands zu erreichen? Vielleicht verstehen sie darunter auch etwas komplett anderes. Dieser Möglichkeit verwehren wir uns, wenn wir deren Entwicklung behindern, durch Ausbeutung. Nicht selten leitet sich von der Verachtung gegenüber den Armen auch das Recht ab diese über den Tisch ziehen zu dürfen ab. Was sich in teuren Krediten an korrupte Politiker in Afrika, dem nahen Osten, den osteuropäischen Ländern oder Griechenland zeigte. Um ein Land anschließend in den Konkurs zu treiben, um noch günstiger deren Rohstoffe aufkaufen zu können.

Dieses Unrecht bleibt ausgeblendet, weil die Armen doch schuldig sind. Wir so viel besser, da wir verzichten, opfern, verbrauchen, zerstören. Weil sie nichts leisten. In gewisser Weise mag das stimmen. Die Armen leisten nicht, oder nicht in dem Umfang, jene Abspaltung und Zerstörung der Vielfalt des Lebens, für die der gutbürgerliche Angestellte jeden Tag zur Arbeit geht, um provokant und sicherlich überspitzt gesagt, Alibiwerte zu schaffen, die ihren Wert nur behalten, wenn dafür anderswo Dinge und Menschen wertlos werden. Wenn die Eiche die Fichte entwertet, ist der ganze Wald weniger wert.

Das Privileg mit angebotener Hilfe konstruktiv umzugehen, ist kaum möglich, wenn die Lebensumstände prekär bleiben. Die Armen müssen sich weiter entwickeln dürfen, noch bevor sie unserer Vorstellung des Idealmenschen entsprechen, an der auch wir Anderen permanent scheitern. Dieser Prozess wird den

Armen - und ich sage es nochmal ganz deutlich - in der Regel verwehrt, indem man sie systemisch und strukturell entmündigt. Und sei es nur, indem man voraussetzt unsere Werte, die Werte des abgesicherten Mittelschichtbürgers, müssten auch für sie gelten und unsere Visionen und Vorstellungen einer besseren Welt müssten auch ihre sein. Wie bereits verdeutlicht birgt eine solche Haltung die Gefahr, die Bedürfnisse der Armen über einen Kamm zu scheren, ihnen die eigenen überzustülpen und im Weiteren zu verhindern, dass sie selbst einen eigenen Entwicklungsprozess entwickeln oder anzuerkennen, dass sie bereits eine eigenständige Kultur sind.

Der Begriff der Kultur ist weit gefasst. Gemeint sind hier abweichende Kulturen, also Bündel soziokultureller Codes, die sich parallel zum Mainstream, ungesehen oder unterschätzt entwickeln. Nennen wir es Kultur und nicht Milieu, ändert sich die Haltung gegenüber abweichendem Verhalten.

Dieser Gedanke ist radikal, aber wesentlich! Sind die Armen eine andere Kultur? Eine Kultur, die es zu respektieren gilt? Entwickelt sie sich gar, wenn man sie lässt hin zu einer Hochkultur, die unserer überlegen sein könnte? Vielleicht sogar zu einer Kultur von der wir lernen können, die ein höheres Wissen in sich trägt, aber sich wie die Opfer des Kolonialismus durch Entwurzelung und Verfolgung in einem Zustand innerer Ohnmacht und Destruktivität befindet, weil man ihnen ihre eigenen Integrität genommen hat, durch das Verbot ihrer eigenen Wertvorstellungen und das Label der Primitivität. Haben die Armen nicht eine eigene Sprache? Haben Sie nicht das Recht sich aus sich selbst heraus zu entwickeln, ohne Bevormundung? Ist Entwicklung überhaupt möglich, indem man eigene Erkenntnisse überspringt und sich sofort den angeblich höher zu bewertenden Vorgaben der Institutionen anpasst? Oder sorgt das nur in weiterer Folge für wesentlich größere Probleme? In den 50er Jahren des vergangenen Jahrhunderts war ein Unternehmen von Dogmen beherrscht. Die alten Herren bestimmten, was passierte und allein das Lebensalter beschränkte den Zugang zu Führungspositionen. In den 70er Jahren kam die sexuelle Revolution und schließlich die Kultur der Selfmade-Manager, die alles erreichen konnten, wenn sie nur frech, mutig und rücksichtslos waren. Nach dem großen Crash entwickelten sich Führungskräfte, die an Nachhaltigkeit und neuen Regeln interessiert waren, die Individualismus und Gemeinschaft verbanden. Nun frage ich Sie! Hätte man von den 50er Jahren in das Jahr 2014 springen können, ohne all diese kleinen Schritte, Irrtümer und Prozesse zu durchlaufen? Ist es realistisch und sinnvoll anzunehmen, jemand hätte aus der Zukunft kommend, zu den Russen, Amerikanern, Iranern, Israelis, Chinesen und Deutschen sagen können, wie es besser geht, ohne die Identität, den inneren Zusammenhalt, die kreative Kraft all dieser Nationen nachhaltig zu schwächen? Mit dem Ergebnis gleichgeschalteter Kulturen, die zwar denselben Fortschritt teilen, aber weder wissen, wie sie dahin gelangt sind, noch, wer sie darin eigentlich sind? Entwicklungsprozesse sind eine sehr heikle Angelegenheit. Man sollte nicht in ihnen herumpfuschen, wenn man nicht selbst ein Teil davon ist, mit ihren Stiefeln gegangen ist und in ihren Leben gelebt hat. Mit welchem Recht, mit welcher nicht vorhandener Intelligenz bricht also ein Staat in mein Leben ein und stellt Forderungen, Behauptungen, was richtig ist und wertvoll, weil ich arbeitslos bin, oder kein Geld habe? Macht nicht gerade dieses Verhalten alles schlimmer? Ist nicht dieses Verhalten das, was ganze Länder in ihrer Entwicklung behindert?

Die Natur in uns folgt anderen Rhythmen und Prinzipien, als die Bürokratie dies tut. Man beachte nur wie die handwerklich Begabten im Zeitalter der Roboter scheinbar nicht mehr gebraucht werden und die Natur sich dummerweise nicht den zivilisatorischen Produktionsvorgaben anpasst, die ja ach so gut den Wohlstand der Menschheit sichern und darum die Reproduktion des handwerklich begabten Menschen ignoranterweise nicht eingestellt hat. Wie uneinsichtig und primitiv von der Natur, der allwissenden Wirtschaft nicht zu folgen und mehr Facharbeiter zur Welt zu bringen, statt nachdenklicher Naturwissenschaftler! In einer industriellen Gesellschaft sind diese natürlich nicht zu gebrauchen. Aber wollen wir immer nur in einer solchen Gesellschaft leben, ja genügt diese überhaupt unseren Ansprüchen und könnte es nicht sein, dass die Natur mit der vermeintlichen Überproduktion von nachdenklichen Menschen etwas beabsichtigt? Nennt man das nicht Fortschritt und Evolution? Wäre es nicht nachhaltiger hinzusehen, ob nicht unbewusste, oder uns noch nicht zugängliche, noch nicht leicht verstehbare, wichtige Entwicklungen passieren? Möglicherweise die fehlenden Puzzleteile, um eine fortschrittlichere Gesellschaft bauen zu können? Wobei Fortschritt etwas völlig anderes sein könnte, als wir heute denken? Menschen im Mittelalter erwarteten nicht die Renaissance, den gebildeten Individualisten, sondern nur einen noch stärkeren Gott, mit noch konservativeren Vorstellungen. Seit der Industrialisierung glauben wir, dass jeder Fortschritt auf neuen Technologien (bei gleichbleibender Ausbeutung) beruht. Vielleicht erkennen wir schon bald, dass Technik auch nichts anderes als ein kultureller Inhalt ist. Dies würde bedeuten, dass technologischer Fortschritt auf kulturellen Entscheidungen beruht, und nicht auf der Evolution von Geräten. Das Internet ist ein gutes Beispiel dafür. Die Grenzen zwischen kulturellen und technologischen Formen des Fortschritts verschwimmen darin. Niemand kann genau sagen was vorher da war. Das Bedürfnis nach einem Werkzeug wie Facebook, oder die dafür notwendige Technologie. Natürlich stehen im Internet nicht nur die soziokulturellen Bedürfnisse der User, sondern auch der Industrie im Vordergrund. Hier wird über kulturelle Evolution Verhalten konstruiert. Ein Experiment an dem wir bewusst teilnehmen sollten, statt dies nur den Firmen zu überlassen! Dies würde auch zur Stärke des Konsumenten führen. Der Mensch würde sich direkt in die Wirtschaft einmischen und darin eigene Wünsche und Visionen formulieren, wie ich es in dem Roman „Stieren des Weltdesigners“ beschrieben habe. Dort fährt eine Gruppe von Leuten zur Zentrale der Firma Red Bull um dort einen Stier zu töten. Sie wissen selbst nicht genau warum, wollen aber ausprobieren, was es bedeutet selbstständig und ohne Auftrag ein Unternehmen umzubauen. Sie wollen sich auf die Krise einlassen und somit selbstbestimmt werden, aus der Rolle des unmündigen Konsumenten herauswachsen.

Das vermiedene Wissen.

Die Armen leben eine Kultur des Konsumverzichtes und der Reduktion. Jedoch ohne Ideologie und mehr pragmatisch als konsequent. Ein Beispiel für das verbotene Wissen der Armen ist der moderne Wohnungsbau. Es ist möglich in einem Zelt, einer Jurte oder einem Bauwagen zu leben und dies als angenehm und würdevoll zu empfinden. Es ist möglich Wohnraum günstig und flexibel zu gestalten. Wir müssen diese Lösungen als Behausungen dämonisieren, weil es das Ende überhöhter Mieten wäre. Immobilienspekulanten hätten keine Chance mehr, wenn selbst große Unternehmen in Zelte ziehen, weil es salonfähig geworden ist, wenn die Armut, die materielle Reduktion, die auch inneren Reichtum bedeuten kann, als eigenständige Kultur und nicht als Makel begriffen würde. Dies muss kein Zwang sein, keine Ideologie. Mir geht es darum aufzuzeigen, dass an diesen Stellen große Innovationsräume entstehen können, durch eine Aufwertung des Wissens aus der Armut.

Die Ware der Armut.

Soziales Kapital, geistiges Kapital hat häufig eine viel geringere Chance als materielles Kapital. Niemand wird bestreiten wollen, dass unsere Wirtschaft und Kultur von anderen Kapitalformen profitiert. Man denke auch an die Kosten der Umweltzerstörung, oder des Burnouts, die bereitwillig von der Breite der Gesellschaft übernommen werden. Unzählige engagierte Menschen übernehmen Care Work oder andere Formen von Verantwortung. Die Gewinne jedoch fließen überproportional in die Hände der Großkapitalisten.

Die Armen werden gezwungen nur jene Produkte und Dienstleistungen anzubieten, die sie als minderwertigere Arbeitskraft, als schwächere Wertschöpfer erscheinen lassen. Dafür sorgt auch ein rigides Bildungssystem, welches Diplome über reale oder selbst erarbeitete Kompetenz stellt. Darin ist kaum Flexibilität. Die Armen werden von ihrer eigenen Stärke und Integrität abgespalten. Würde man ihnen eigenständig definierbare Kompetenzen zugestehen, wären sie Teil des Marktes, könnten diese anbieten und das Kapital würde breiter verteilt. Darum muss es im Sinne des Kapitals verbotene Waren geben. Dazu zählen beispielsweise künstlerische, soziale, freigeistige Waren, aber auch Dienstleistungen, die wir auf den ersten Blick nicht als solche erkennen würden, weil sie als Konflikt, als Irritation daherkommen. Grundsätzlich fällt es uns in der Erfolgsgesellschaft schwer etwas scheinbar Negatives als positiv gemeintes Angebot, als positive Ware zu erkennen. Dies zu tun wäre eine Revolution in der Menschheitsgeschichte. Es wäre der Schritt von einer auf Machtverteilung basierenden Wirtschaft, zu einer die Gesellschaft tatsächlich in ihrer Breite ernährenden Ökonomie.

Ein Mensch, der von Drogen abhängig ist, wirkt nicht wie ein Forscher, wie ein Unternehmer. Aber was wäre, wenn seine Sucht eine Sprache wäre, mit der die Beziehung zwischen einem Armen und der Wirtschaft, der oft verblendeten und zu simplifizierten Denkweise des Normalbürgers, der emotionalen Verstrickungen und ungesehenen Verletzungen innerhalb unserer Gesellschaft begreifen würde? Was wäre, überspitzt formuliert, wenn sein Produkt der Schrecken wäre, den er uns zufügt? Könnte es nicht sein, dass der Wert dieses Produktes nur dann gesehen werden könnte, wäre es diesem erlaubt Teil des frei zugänglichen Marktes zu sein? Wenn es Märkte für virtuelle Welten und Computerprogramme gibt, warum dann nicht auch für soziale Programme, die Aufdeckung sozialer Konflikte und Problemfragen? Liegt nicht auch darin ein Wert?

Dies mag für manche zynisch klingen, ist aber nicht so gemeint. Denn wegen der kompletten Entwertung der Existenz eines Drogenabhängigen, sterben zu viele von ihnen und es ändert sich nichts an den Strukturen. Die dahinter stehende Information wird nicht in die Gesamtgesellschaft integriert.

Was ist der Unterschied zwischen einem Universitätsprofessor, der in einem Hörsaal in geschliffener Sprache einen Vortrag hält, dafür mehrere Tausend Euro im Monat erhält, weil er diese Privilegien hat, oder einem

Unternehmer, der ein Bedürfnis zum Ausdruck bringt, durch die Entwicklung eines neuen Autos, weil er diese Privilegien hat und einem Drogenabhängigen, der in der Straße verreckend ein gesellschaftliches Problem aufzeigt, da er diese Privilegien nicht hat, um darüber einen Vortrag zu halten oder dazu ein Produkt zu entwickeln, welches gefälliger wäre?

Er wird nie ein Professor werden. Keine Bank wird ihm je das Geld für die Entwicklung eines traditionellen Produktes geben. Sein Geschenk an die Welt ist es auf der Straße zu verrecken.

Wenn schon freier Markt, dann doch wenigstens freier Markt für alle Menschen und alle Waren und Dienstleistungen! Auch die Kultur ist ein Markt. Ein Markt des Dialoges, des geistigen Austausches. Nehmen wir an diesem Markt nicht teil, zerfällt Kultur. Wenn niemand mehr ins Theater geht, gibt es bald kein Theater mehr. Wenn niemand mehr an der Breite des Lebens teilnimmt, gibt es bald kein vielfältiges Leben mehr. Wir stehen in der Verantwortung als menschliche Wesen uns an diesem breiteren Markt zu beteiligen, indem wir auch das Sperrige, das Unheimliche, das noch nicht Verstandene an uns heran lassen. Kaufen bedeutet es in sich aufzunehmen. Kaufen wir nur einen kleinen Teil der Welt, bleiben wir hungernd, weil dies den Markt verengt und der Mensch nicht nur von Brot lebt, sondern von unzähligen anderen Bereicherungen, Geschenken, Ressourcen.

Darum sollten wir auch das „Scheitern" als ein Produkt anerkennen. Es ist ein Produkt voller wertvoller Erfahrungen. Behandeln wir es wie Dreck, zerstören wir geistiges und letztlich auch materielles Kapital und schädigen die Gesellschaft.

Ebenso wesentlich ist es dem Menschen ein Grundrecht auf Krise zuzugestehen. Wie das Grundrecht auf Wasser oder künstlerische Freiheit. Wenn es ein Recht auf Krise gibt, kann die Krise auch offen auf dem Markt gehandelt werden, als Ressource in dem Wissen und Erfahrung steckt. Vielleicht müssten wir dann viele Krisen nicht ständig wiederholen. Kaufen bedeutet, in sich aufnehmen. Das klingt jetzt einfach und natürlich gibt es da im Detail viele Fragen und Konflikte. Ich möchte, dass Sie diese Denkrichtung kennenlernen. Es muss nicht perfekt sein.

Wenn nicht mehr in der ganzen Breite produziert und nicht mehr in der Vielfalt gekauft, nicht mehr ausgesprochen und nicht mehr zugehört wird, verlieren wir als Menschheit. Wir können nicht alle Banker, Anwälte oder Politiker werden, damit die Eigentümer von Banken, Kanzleien und das Establishment allen finanziellen Reichtum kanalisieren und abschöpfen können. Auch auf der Straße zu verrecken ist ein Produkt, ein Angebot. Wir haben kein Recht dieses Angebot zu verbieten oder gering zu schätzen.

Auch wenn ich mich als Künstler weigere zu funktionieren, um das Leben komplexer zu machen, um mehr Lebensraum für Menschen zu schaffen, ist das eine Dienstleistung. Mit welchem Recht behauptet die hier wenig kompetente Sachbearbeiterin eines Jobcenters, dies sei kein Job? Wussten Sie eigentlich, dass der Beruf des „Freischaffenden Künstlers" im Computer des Jobcenters überhaupt nicht existiert? Ich habe darauf bestanden, dass dieser aufgenommen wird. Kein Wunder, dass sie meine Arbeit als asoziales Verhalten deuten. Es steht ja nicht im Rechner. Das Universum steht auch nicht im Telefonbuch. Es muss erlaubt sein Systeme zu erweitern, ohne als Mensch mit der Anschuldigung konfrontiert zu werden, nicht zu passen.

Das Produkt des Menschen, der in den Straßen verreckt, ist die Ungerechtigkeit der Welt. Würden wir sie kaufen, könnten wir verstehen, dass das Universum viel komplexer ist, als wir es uns vorstellen können und Chancen, neue Ideen, Haltungen würden aus der Differenz und aus den Widersprüchen sichtbar. Die Wahrheit ist ein Paradoxon, ein Sowohl-als-auch und eben keine für alle Zeit feststehende Gewissheit. Es gilt den Widerspruch auszuhalten, damit zu leben, dafür Verantwortung zu übernehmen. Denn dieses Ungleichgewicht der Kräfte ist Lebensenergie, ist Bewegung. Das selbstbestimmte Angebot sollte ein Grundrecht sein. Was auch möglich ist, wird akzeptiert, dass Angebot und Nachfrage die Märkte nicht wirklich bestimmen. Erst dann kann sich ein neues, ein natürliches

Verständnis von Arbeit und gemeinsamer Gestaltung der Gesellschaft entwickeln.

Was aber passiert in der Praxis? Es geschieht das, was wir alltägliche Normalität nennen und was tatsächlich absoluter Irrsinn ist, verpackt in Strategien simplifizierter Verdrängungsmuster.

Wir wollen, dass der Drogensüchtige sich schnellstmöglich einen Job sucht und aus unserem Blickfeld verschwindet. Seien Sie mit Ihrer Forderung vorsichtig! Stünde dieser Drogensüchtige auf, um bei einer Fastfoodkette zu arbeiten und gerade über die Runden zu kommen, denn einen besseren Job bekäme er in der Regel nicht, müssten an seiner Stelle andere verrecken, deren Leid unerkannt bliebe. Für jeden von uns der es schafft erfolgreicher zu werden, müssen Hunderte andere sich in ihrem Scheitern verstecken, weil „Scheitern" in unserer Gesellschaft Rückzug aus dem Licht, aus der Sichtbarkeit bedeuten muss. Für jeden von uns, der es schafft erfolgreicher zu sein, müssen Andere ein Leid ertragen, welches sie nicht zum Ausdruck bringen dürfen. Solange ihr Scheitern, ihr Aus-der-Rollefallen, durchs System rasseln, keinen Wert hat.

Was passiert mit denen, die nicht die Besten sein können? Das sind die schweigenden Massen in den Firmen, die niemals aussprechen, was alles schief läuft. Die Scham, die Schuld haben, die ihnen den Mund verklebt. Sie alle können von der echten Welt erzählen, aber nur den von ihrem Ego berauschten Siegern wird zugehört. Das sind die, denen vorgegaukelt wird, dass es eine Hierarchie gibt, in der andere besser sind. Warum dürfen sie nicht an dem Arbeitsplatz, an dem sie sich wohl fühlen einfach gut sein, ohne Zwang zum Besseren, Aufstieg, etc. Ohne Demütigung durch sogenannte Höherrangige.

Wer sich im negativen Sinne als „gescheitert" akzeptiert und zulässt, dass ein Jobcenter einen deswegen als unmündigen Abfall behandelt, unterstützt die Wirtschaftskrise und schädigt die Gesellschaft. Wir alle haben die Pflicht unseren Wert zu bewahren und zu verteidigen und dieser Wert ist immer selbstbestimmt und muss es sein. Nur auf diese Weise verhindern wir, dass eine kleine Elite uns vorschreibt, was einen Wert hat und dabei den Großteil des Universums für wertlos erklärt. Sie tut das, um uns schleichend zu enteignen. Wann endlich werden wir das verstehen?

Leadership bedeutet aufzustehen, sperrig zu sein und sich mit dem eigenen Leid, dem eigenen Schmerz nicht zu verstecken. Denn es ist ein Produkt. Es bewirkt einen Prozess. Einen lebendigen Prozess, der Reibung und Konflikt sein darf. Diese Zeit müssen wir uns nehmen!

Denn darin liegen - verdammt nochmal - Lösungen und Einsichten, die mehr sind als ein Porsche. Ein Porsche ist relativ primitiv im Vergleich zu einem Menschen in einer Lebenskrise. Auch ein Computer wird nicht von jedem sofort verstanden. Man muss sich die Nützlichkeit erarbeiten. Das ist die andere Seite des Fortschritts. Entwicklung passiert nicht vom Sofa aus. Menschen, die mit neuen, ungewöhnlichen Produkten und Dienstleistungen etwas ausprobieren, damit leben, den Wert selbst darin entwickeln und entdecken, haben das Recht Käufer zu finden. Das ist Kultur und Menschlichkeit. Ein Handy wäre immer ein Handy geblieben, hätten Menschen nicht irgendwann versucht damit Fotos zu machen.

Lassen wir uns doch auf einen Prozess ein! Wie man das umsetzen kann, ist nicht leicht zu beantworten, was gut ist.

Der Kompromiss des Drogensüchtigen, der nun in unserem Beispiel bei der Fastfoodkette arbeitet, hat die Armut in der Gesellschaft nicht gelindert. Er ist nur von verrecken in vegetieren übergegangen.

Damit will ich keineswegs Menschen in Fastfoodketten geringschätzen, aber Sie werden mir zustimmen, dass auch dort viel nicht gelöst wird, weil Menschen im Zweifel gehen und sich einfach anderswo ein mehr oder weniger ähnliches Leid als Job suchen. Ich will Ihnen mit diesem Beispiel verdeutlichen, wie komplex die Verhältnisse sind und warum ich von Kompetenz, Verantwortung und Stärke in der Armut spreche, von verborgener Information, ohne die unser Blick auf die Gesellschaft nicht vollständig sein kann.

Diese Ignoranz hat die großen Wirtschafts- und Umweltkrisen bewirkt. Ignoranz ist heute der Kern vieler Probleme.

Darum suche ich mir nicht sofort den nächstbesten Job, für den ich nicht geeignet bin, in dem ich nicht glücklich werde, in dem die meisten meiner Talente und Fähigkeiten verloren gehen, weil das der Gesellschaft und mir selbst gegenüber, ja sogar meinen Kindern gegenüber unverantwortlich wäre. Im unmittelbaren Augenblick ist das hart. Auf längere Sicht gesehen der bessere Weg. Wissen verpflichtet.

Ich bestehe darauf, die Wertschöpfung neu zu verhandeln, zwischen Unternehmen und mir, zwischen Ihnen und der Politik, zwischen der Kultur und der Wirtschaft.

Wer Arm ist, bestimme ich! Das Entwicklungsverbot im Westen.

Es braucht Zeit, bis wir eine solche Haltung als sinnvoll annehmen können, weil wir ein Leben lang gelernt haben, dass die Verweigerung des Gehorsams in jedem Fall verwerflich ist und nur dort möglich, wo großes Unrecht herrscht, der Arme aber niemals selbstbestimmt das Unrecht definieren darf, sondern stets von der scheinbar überlegenen Sicht der Außenstehenden dazu befähigt werden muss. Damit komme ich zum nächsten, wesentlichen Punkt, wenn wir Armut richtig und human begreifen wollen, und zwar zu der Frage: Wer eigentlich definiert, wer arm ist und wer nicht? Denn: Wer dies tut bestimmt auch, wie die Armut überwunden werden soll.

Wer sich in Deutschland selbst als arm definiert, ist in der Vorstellung der Leute faul. Weil es einem untersagt ist, nicht motiviert zu sein. Doch wer die notwendige Trauerarbeit nach dem Verlust des Einkommens nicht leisten, wer sich der Vorstellung nicht annähern darf, das einem ganz schön viel Unrecht geschieht, verliert an Realitätskompetenz und Integrität. Übermotivierte Menschen sind nicht die erfolgreicheren Menschen. Manie ist kein nachhaltiges Konzept der Lebensbejahung.

Der Arme in China ist für uns abstrakt, er ermöglicht es, das eigene System daran als das „Bessere“ zu bemessen. Diese Armen sind weit weg. Der Arme in Brandenburg hingegen hält unserer

Gesellschaft einen Spiegel direkt vor die Nase, was für viele unerträglich ist. Darum muss Armut um jeden Preis von außen definiert bleiben. Und wer diese Deutungshoheit hat, besitzt Macht über die Armen. Kann ihnen Schuld zuweisen oder davon einen Arbeitszwang ableiten und Grenzen der Zumutbarkeit festlegen. All das gehört zur narzisstischen Kränkung der Mittelschicht, die heute mehr denn je um ihren eigenen Wert fürchtet und darum, wie ein verwundetes Tier bereitwillig die Arbeitslosen herumkommandiert, statt sich mit ihnen gegen die Manager zu verbünden.

Armut in Europa darf vor diesem Hintergrund keine strukturellen, keine systemischen Ursachen haben, weil dies an der Ideologie des westlichen Kapitalismus kratzt, an dessen Legitimation, mit deren Unterstützung diese in der Welt großes Unrecht verbreitet, ohne sich je dafür rechtfertigen zu müssen, weil man angeblich im „besseren“ System lebt, im Reich der Freiheit, des Anstandes und der Brüderlichkeit.

Darauf begründet sich das verborgene „Entwicklungsverbot“ im Westen selbst. Das Verbot zur kreativen Arbeit an der Weiterentwicklung des Westens, auf politischer, kultureller und wirtschaftlicher Ebene. Weil es keine tieferliegenden Eruptionen, Konflikte und Probleme in Deutschland, Frankreich oder England geben darf.

Wir befinden uns in einem Vakuum, in dem Nachdenken und kritische Fragen stellen nicht erlaubt ist. Wer keine Arbeit hat, muss eben in die Arbeit gezwungen werden. Im Zweifel nur, um die Statistik zu frisieren und um den Eindruck zu erwecken, es gäbe kein grundsätzliches Problem im Verhältnis zwischen Arbeit, Mensch, Angebot und Nachfrage.

Die Verachtung großer Teile der Bevölkerung im Nahen Osten oder den ehemaligen Kolonien gegenüber dem Westen liegt vielleicht in unserer Unfähigkeit begründet, den „Armen“ auf Augenhöhe zu begegnen. Gelingt es den Armen in Europa, gegen den eigenen Regierungen aufzustehen, können wir wieder jene Empathie entwickeln, die uns den südlichen Ländern gegenüber fehlt und uns überall dort, wo wir erhaben glauben die Lösung zu kennen, als arrogante Entwicklungshelfer auftreten lässt, während die weniger Edelmütigen unter uns mit unserer stillen Duldung dafür gesorgt haben, dass diese Länder für lange Zeit von unseren globalisierten Märkten ausgeschlossen bleiben, wenn sie sich nicht unseren Vorgaben unterwerfen.

Während Wissenschaftler oft Jahre an ihren Prozessen arbeiten dürfen, ist das Experiment Armut in den Industrienationen bereits beendet, bevor es angefangen hat. Die Erkenntnisse werden vorab als wertlos definiert und nicht weiter verfolgt. Es wird auf ein logistisches Problem reduziert. Job oder kein Job! Die Antwort der Politik ist stets nur die Hülse der Arbeitsplatzbeschaffung um ihrer selbst willen. Die kulturelle Revolution bleibt aus. Noch.

Wertschöpfung kann sehr teuer sein, wenn Neuentwicklung, auch Innovation genannt, von der Wertschöpfungskette ausgeklammert wird. Wenn nur noch unmittelbarer Gewinn zählt. Wenn niemand mehr säht.

Ich passe nicht in das Bild des Hartz-IV-Empfängers. Weil das Bild falsch ist. Denn ich bin in höchstem Maße erfolgreich, verdiene nur dabei fast nichts. Es ist Zeit sich die Systemfehler genauer anzusehen!

Ein ungewollter Wertschöpfer.

Geboren wurde ich als das Kind einer Österreicherin und eines Engländers. Mit acht Jahren zogen wir in ein Tiroler Bergdorf, wo ich überwiegend Ausländer war. Zu diesem Zeitpunkt erlebte ich keine Armut, sondern das Fremdsein, sowie die Folgen der außenstehenden Perspektive. Die Problematik viel zu sehen, weil man nicht Teil des Systems ist und gleichzeitig wenig damit machen zu dürfen, weil man im System nicht akzeptiert und integriert ist. Wissen wird hier schnell zur Belastung. Anderssein zur existenziellen Bedrohung. Es gibt Gesellschaften, in denen ein Mensch mit Talenten eine arme Sau ist. Denn Talente sind Verpflichtungen und damit wird man den Leuten lästig.

Als ich 17 war, hatte ich in der Schule einen Kunstlehrer, der Dias von historischen Gemälden an die Wand warf. Diese

Abbildungen waren nach Jahren der Benutzung in unzähligen Klassen und Generationen schließlich verdreckt, unscharf, erodiert und zeigten nur einen Abglanz des abfotografierten Originals.
Die Schüler wurden regelmäßig aufgefordert die gezeigten Bilder, Skulpturen, Bauwerke anhand der Dias zu beschreiben und zu analysieren. In der Regel beschrieben eine Schülerin oder ein Schüler das, was der Lehrer hören wollte. Ein Verhalten, welches sich in jedem Unternehmen findet, eine Form der Anpassung, die wir alle mehr oder weniger durchleben und aufrecht erhalten, obwohl die Folgen davon zu den großen Problemen geführt haben, die man auch heute in Wirtschaftskrisen und sozialen Verwerfungen sehen kann.

Erfolg bedeutet fast immer den Erwartungen zu entsprechen, weshalb der Erfolg als Ideologie die Ignoranz zur Grundstimmung einer Kultur macht. Ignorant zu sein ist die Grundvoraussetzung, um das Bild des Erfolgreichen zu erfüllen. Natürlich gibt es auch erfolgreiche Menschen voller Sensibilität, Qualität und Leistung, aber die Kultur des Erfolges fördert Anpassung, was letztlich die Entwicklungschancen der Gesamtgesellschaft behindert.
Was die Schüler bereitwillig taten, war Erfolg zu simulieren, Erfolg zu spielen, zum Preis der Lebenslüge. Sie taten es, um Zugehörigkeit abzusichern.

Irgendwann war ich dran und erzählte von dem, was ich wirklich sah. Weil ich dachte, dass sei der eigentliche Sinn dieser Übung. Sehen zu lernen. Weil daraus Realitätsbewusstsein wächst und Qualität.

Zerkratzte Landschaften, verschwommene Untiefen, fettige Flecken vor öligen Gesichtern. Ich beschrieb ein Haar vor der Linse des Projektors, als einen Ast in einer gemalten Landschaft des Künstlers Caspar David Friedrich.

Staatliche Stellen hatten mich zu einem Künstler ausgebildet, zu einem Menschen, der hinsieht, der anders hinsieht und dabei zu anderen Schlüssen kommt. Sie forderten mich auf, in die Welt hinaus zu gehen und für nützliche Unruhe zu sorgen.

Nun aber wollten die Vertreter der Schule davon nichts wissen, da es ihre Autorität in Frage stellte. Es kam zum Eklat und ich musste wenige Monate später die Kunstschule in Graz verlassen.

Diese Erfahrung wiederholt sich nun fast mein ganzes Leben und hat mich wirtschaftlich ruiniert. Wäre ich weniger engagiert, weniger konsequent, weniger getrieben, hätte ich vielleicht als Wissenschaftler oder irgendwo anders in der akademischen Welt eine Karriere machen können. Doch es gibt keinen Lehrstuhl für Revolution und auch keinen wirklich ernst gemeinten für Innovation. Diese Ausgrenzung unbequemer Fähigkeiten erleben viele Künstler und Andersdenkende. Ist das, was wir tun, deswegen falsch? Nein. Natürlich nicht. Es ist viel mehr unser Job in einer innovativen, freien und humanen Gesellschaft. Die kreativen Problemlöser aber werden vom Besitzstand heute häufiger als in den 80er oder 90er Jahren in die Arbeitslosigkeit getrieben, weil Gehorsam höher bewertet ist als Wertschöpfung und Anpassung mehr wert sein soll, als innovativ, provokativ und ungewöhnlich vorzugehen. Ergebnisse sind ganz groß und angesehen. Bewusste, offene Prozesse hingegen ganz klein. Obwohl die großen Wirtschaftskrisen, wie man in den Medien mitverfolgen konnte, häufig auf Ignoranz und Nichthinsehen beruhten.

Da raus zu fallen mag man KünstlerInnen noch zugestehen, wenn Leute sich gebildet und aufgeschlossen geben und die Zusammenhänge zwischen Kreativität und Volksökonomie begreifen, oder die menschliche Größe besitzen, diesen Nutzen mit dem Herzen wahrzunehmen. Was aber ist mit MigrantInnenen, deren Bildung und Status an der Grenze zur Festung Europa null und nichtig werden, mit Menschen ohne Bildung, mit Kranken oder Menschen, die wegen ihrer Religion, ihrer sexuellen Orientierung oder schlicht darum abgelehnt werden, weil sie nicht zur richtigen Seilschaft gehören? Haben Sie nicht auch Talente, von denen wir noch nie erfahren haben, oder die unbequem sind?

Ich bin also diesen Weg der Herausarbeitung der Kompetenzen und Stärken in der Armut weitergegangen. In diesem Prozess wurden mir Heizkosten verwehrt und zwischenzeitlich das Existenzminimum gestrichen. Es gab eine Wohnungsdurchsuchung in einem Zelt und ziemlich jede Behörde hat gegen mich ermittelt und tut es teilweise noch, weil ich in der Armut Stärke und Eigenständigkeit entwickle und Bedingungen für meine Kooperation stelle. Manchmal glaube ich, das Finanzamt vermutet bei mit geheime Geldreserven, weil es sonst nicht zu erklären ist, dass ich immer noch dieses Selbstbewusstsein aufbringe.

Natürlich zweifle ich auch, viel sogar, und dieser Weg ist alles andere als leicht oder leichtfertig.

Die Konzentration auf das, woran man glaubt, auf das eigene Ding, ist das, was man Professionalisierung nennt. Etwas solange gut zu machen, bis man es verkörpert und es jedem absurd erscheint, man könnte jemals wieder etwas Anderes tun. In jedem anderen Beruf verdient man nach der Professionalisierung mehr Geld und das Leben kommt in ruhigere Bahnen, was man dann wohl auch verdient hat.

Als Künstler ist man, wenn man nicht das Glück hat eine der wenigen Professuren zu bekommen, oder irgendwo rein zu rutschen, weil ein Freund jemanden kennt, nichts anderes als ein Mensch, der nirgends mehr hin passt, der von jedem Unternehmen gemieden wird, wie die Pest.

Vergessen wir nicht! Ich wurde in jungen Jahren von Staat und Wirtschaft dazu animiert und ausgebildet gegen den Strom zu schwimmen. Die Kunstfreiheit ist nett, als Theorie. Werden unsere Grundrechte gelebt, werden sie für manche bedrohlich. Weil die Kunstfreiheit funktioniert. Die Kunst, wie auch der kreative Eigensinn, decken auf und machen bewusst.

Ich bin nicht unflexibel. Sie haben mich auch dazu ausgebildet ständig Dinge zu tun, die ich noch nie gemacht habe. Darum bekomme ich heute so schwer einen Job, oder die Beteiligung an einem Projekt, usw. Entwicklungsnahe Kompetenzen werden nicht als solche erkannt. Ich war Leichenfotograf, hab als Speaker auf großen Bühnen gesprochen, habe eine Managementmethode entwickelt, Zeichentrickserien produziert, war Kameramann und Alpakazüchter. Das habe ich viele Jahre getan, weshalb mein Lebenslauf aussieht wie ein Minenfeld. Solange ich jung und dumm war, verursachte das keinen Schaden, weil ich harmlos erschien. In jungen Jahren bekam ich damals fast jeden, wenn auch häufig schlechtbezahlten und immer prekären Job, weil es normal aussieht, wenn ein junger Mensch sich ausprobiert. Jetzt, da ich sehr viel mehr begreife, sehe, ausdrücken kann, bringe ich aus den vielfältigen Erfahrungen Wissen mit. Manager fürchten Künstler, die etwas von Leadership, Unternehmertum und Innovation verstehen, wie sie auch intelligente Frauen fürchten, die viele Kompetenzen haben. Die Old-School-Manager wollen mich nicht in ihrer Firma haben. Was ist mit den Neuen, die Leadership neu verstehen und sich nicht vor kreativer Auseinandersetzung fürchten? Wo seid Ihr? Wir brauchen Euch jetzt!

Wir wollen nicht wirklich, dass Arme bestraft werden!

Wenn ein Wohlhabender ein teures Auto kauft und sich damit finanziell übernimmt, ist da eine Schuld, eine direkte Verkettung zwischen Handeln und Wirkung, die man moralisch hinterfragen kann. Selbst das ist nicht eindeutig, weil beispielsweise viele Unternehmen davon Leben, dass ihre Kunden sich regelmäßig übernehmen. Das kann auch Wirtschaft fördern, ja notwendig sein, um beispielsweise neue Innovationen zu ermöglichen. Die sind immer ein hohes Risiko, welches wir nicht meiden sollten.

Wenn dieser Wohlhabende aber dadurch derart verarmt, dass er sich nichts mehr zu Essen kaufen kann, gehen auch viele seiner anderen und für uns positiven Ressourcen verloren. Er verliert den Lebensmut, kann sich nicht mehr bewegen, wird vielleicht süchtig oder verliert seine Frau. Das zieht eine Gesamtwirtschaft runter. Auch andere werden von dessen Schicksal demotiviert. Hartz IV sowie die Sparpakete in ganz Europa demotivieren ganze Bevölkerungsschichten. Die Zahl der mutigen Selbstständigen geht zurück. Überall macht sich eine biedermeierliche Stimmung der Vermeidung breit. Die Kanzlerin spricht von „Alternativlosigkeit“. Dadurch verschärfen sich längerfristig weitere Probleme für die Volkswirtschaften, während die großen Unternehmen nun keine Konkurrenz fürchten müssen. Für sie eine bequeme Lösung.

Wollen wir als Gesellschaft diese Auswirkungen der Armut? Ich denke nicht. Wir wollen eigentlich, dass dieser wohlhabend bleibt und eine positive Lebenseinstellung behält, weil ihn das toleranter macht und großzügiger. Jeder hat Fehler und Schwächen. Dies ändert in der Regel nichts an unserem Kontostand und sollte diesen auch nicht derart verringern, dass wir in Armut fallen. Soziale Verantwortung wurde noch nie über das Mittel der Pfändung oder des Arbeitszwangs erreicht. Wer arm ist, muss das, was sie oder er besitzt stets unter Wert verscherbeln, während es für Wohlhabende leichter ist einen guten Preis zu erzielen. Während der Normalbürger die Krise fürchtet, arbeitet diese für die Reichen. Denn nichts erzeugt mehr Wachstum als ein Krieg oder eine Katastrophe, die alles zerstört und es dann mit geringen Investitionen und hohem Wertzuwachs neu aufgebaut werden muss. Es ist Zeit, dass auch die Armen an den Lebenskrisen verdienen! Dies ist nur möglich, wenn wir wie die Reichen die Krise als Chance, als unser Kapital verstehen dürfen. Warum haben Arme nicht dasselbe Recht auf Chancengleichheit im Markt? Armut ist ein Hebel, der die Gesellschaft selbst trifft und Armut als Instrument der Bestrafung zu betrachten, bedeutet nur, sich als Volk ins eigene Fleisch zu schneiden.

In hundert Jahren wird man die Vorstellung, der Arme sei an seiner Armut selbst schuld, vielleicht ähnlich lächerlich finden, wie die Behauptung, die Erde sei eine Scheibe. Es gehört vielleicht zu den großen, kulturellen Zielen unserer Zeit, endlich die Ideologie der Armut zu überwinden.

Weil die Armut ein Mittel der Enteignung der Bevölkerung ist, ohne dass diese sich dagegen wehren kann, weil damit eine angebliche Schuldhaftigkeit der Bevölkerung einher geht, ist eine neue Perspektive längst überfällig. Die Definitionshoheit muss zurückgeholt werden! Man braucht kein Militär, um die Menschen zu bezwingen, wenn man dafür die Armut benutzen kann, die scheinbar wie eine schicksalhafte Naturkatastrophe daher kommt und für dessen Überwindung jeder angeblich jedes Opfer bringen muss. Auf diese Weise wird die Armut nie beendet.

Neue Formen des Widerstandes.

Auch der Widerstand der Zivilgesellschaft kann eine Form wirtschaftlicher Verantwortung und Unternehmergeistes sein.

Die klassischen Methoden des Widerstandes, die ich hier nicht schmälern möchte, bestehen aus Demonstrationen und aus passivem Widerstand. Die eine Methode erzeugt Gegenwehr und ist oft ein Blick von Außen, was stets eine schwache Position ist. Sobald Menschen sich zu Gruppen oder gar Massen zusammenschließen, müssen sie ihre Absicht abstrahieren, was Positionen schwächt. Quantität ist eben nicht Qualität. Konsequenz wird in Grabenkämpfen schnell ausgehöhlt.

Der passive Widerstand hat wie auch die Demonstration seine Berechtigung, aber in Zeiten, in denen die Medien darüber nicht mehr berichten, ist die Blockade eines Systems, welches zunehmend auch ohne zu große Teile der Bevölkerung weiterläuft, zunehmend weniger wirkungsvoll. Auch die klassische Kritik der Intellektuellen vermag kaum noch Gehör zu finden. Denken gilt perverser Weise als wenig sexy in einer Welt, in der das einfache und meist käufliche Glück das Ideal darstellt.

Ich möchte Sie bitten sich klar zu machen, dass ein perfektes System immer ein dummes, ein reduziertes, ein unkreatives System ist. Es kennt nur eine Perspektive und idealisiert diese bis ins Krankhafte. Ein solches System glaubt möglicherweise ohne alternative Ideen oder Konzepte auskommen zu können, ist aber nicht in der Lage auf höhere Intelligenz und Kreativität zu reagieren. Darum ist der „systemkreative“ Ansatz, analog zur „systemkritischen“ Betrachtung, möglicherweise ein Hebel, an dem ein starres System zerbricht, wenn es nicht in der Lage ist unmittelbare Gewalt gegen Menschen anzuwenden und ein Mindestmaß an freier Presse und Zivilgesellschaft vorhanden ist. Die selbstbewusste Arme, welche die Beziehungen mit Wirtschaft und Politik neu verhandelt, ist eine kreative Kraft, auf die dieses

System keine andere Antwort hat, als dümmliche Gewalt und Befehlston, was sie selbst als inkompetent, spießig und wenig zukunftsfähig entlarvt.

Ich möchte nun ein wenig in meine Arbeit als Künstler einführen. Mein Weg ist nicht ein Weg, der auch für Sie passen muss. Aber in der Differenz zwischen meinen Versuchen und den Ihren, werden neue Möglichkeiten sichtbar. Mir ist irgendwann klar geworden, dass in der Rolle des Künstlers, der in uns allen steckt, ein großes Geschenk liegt. Kaum eine Funktion in unserer Gesellschaft erlaubt es von der Norm abzuweichen, sich lächerlich zu machen, sich Extremen hinzugeben, den dunklen wie auch den hellen Seiten und gleichzeitig in einem Dialog mit der Zivilgesellschaft, den Unternehmen, der Politik zu bleiben. Sicherlich ist auch die Kunst, wie die Wissenschaft auf vielen Ebenen zu einem unhinterfragten Ritual geworden und der Kunstmarkt hat wenig mit dem Wert zu tun, den ich im künstlerischen Schaffen sehe.

Der Mensch im Alltag sucht die feste Rolle und die Sicherheit, weil ihm ein anderer Weg versperrt erscheint. Dies hat zur Folge, dass man oft gewissermaßen außerhalb von sich selbst lebt, distanziert und abgespalten von der Unmittelbarkeit.

Eine neue Identität und Realität vorzuleben, indem originäre, individuelle Bedürfnisse entwickelt und formuliert werden, ist nicht wirklich verboten. Aus der Mangelerfahrung heraus neue Ideen zu entwickeln ist ein Weg, der einen selbst erschüttert, Brüche erzeugt und natürlich auch Irrtümer. Oft begegne ich der Haltung, dass dies ja OK sei, wenn es denn zu konkreten Ergebnissen führt. Wer auf diese Weise denkt, lockert sich nicht ausreichend, um sich auf einen Flow einzulassen, der einen auf ganz andere Ebenen bringen kann. Die weder argumentativ noch wissenschaftlich, noch sprachlich einfach verdrängt werden können, weil sie eine komplexere Ordnung offenbaren und auf Erlebnissen beruhen, weil sie zeigen, dass das Leben komplizierter ist als ein Sachbearbeiter beim Jobcenter es sich vorstellt, den Prozess zum sinnvollen und verantwortungsvollen Angebot macht, hat sich dann bereits eine Alternative durchgesetzt, weil sie bereits gelebt wird. Sie muss nicht eingefordert werden, sondern braucht nur unsere Erlaubnis. Eine Befreiung von innen. Sie sieht nicht aus wie Verweigerung. Sie sieht nicht aus wie Widerstand. Sondern wie Lebendigkeit. Das wünsche ich mir.

In meiner Arbeit ist die Bereitschaft zentral, sich ins Zerbrechliche, Dunkle, Unklare oder Angst machende fallen zu lassen.

Vor vielen Jahren habe ich mich mal selbst als Gesellschaftsphilosoph definiert und darüber die Presse informiert. Es gibt diese Kategorie eigentlich nicht, aber die Presse hat diese übernommen. Schon schien es akzeptiert, dieser Tätigkeit nachzugehen. Ein Investmentbanker macht auch nichts anderes, oder glauben Sie, es gab eine demokratische Abstimmung darüber, dass man als Investmentbanker arbeiten darf? Natürlich hat der Gesellschaftsphilosoph einen Nutzen. Man muss diesen nur lange genug herausstreichen. Schon bald wollten mich Firmen deswegen auch zu Kamingesprächen einladen. Von der Leichtigkeit erschrocken, stellte ich dieses Unterfangen wieder ein, weil es meine eigene Vorstellung der Zusammenhänge zwischen Angebot und Markt irritierte. Ich meine damit nicht, dass wir uns alle Fantasieberufe überlegen sollen. Umso mehr Menschen sich in Richtung unerwarteter Wendungen bewegen, umso eher geraten die Strukturen aus den Fugen. Dabei geht es nicht um Kreativität oder Irritation aus einem Prinzip heraus. Viel mehr ist es so, dass wer sich auf das authentische, eigene Innenleben einlässt, immer aus dem starren System fällt und in innere und äußere Bewegung gerät. Die Erlaubnis zur Kreativität ist letztlich die Erlaubnis man selbst sein zu dürfen. Von Augenblick zu Augenblick. Das bedeutet Erruption, Revolution, Konflikt, aber im Kern ist es Achtsamkeit, Sensibilität, Idealismus, bewegt sein. Ein fast heiliger Akt, der viel mit dem Leben und der schöpferischen Gestaltungskraft zu tun hat, die uns vorantreibt. Kreatives Verhalten kann nur schwer aufgehalten werden. Das ist der Nachteil in mehr oder weniger aufgeklärten und hedonistisch geprägten Gesellschaften des Westens. Der Spaß hat eine gewisse Legitimation als Wirtschaftsfaktor. Warum nicht mit ein wenig Intelligenz verbinden? Es kommt auf die

Absicht an. Tiefere Wahrheiten sind meist paradox. Der Kapitalismus schlägt sich irgendwann selbst.

Ich habe mal aus einem spontanen Reflex heraus die Schokoladenfirma Ritter Sport aufgefordert den „Ritter Sport“ als ritterliche, als sozial engagierte Sportart zu fördern. Wenn man also die Marke subjektiv missversteht, etwas anderes darin sieht und das sich entwickeln darf. Man hilft Menschen ritterlich und betreibt das wie einen Sport. Den „Ritter Sport“. Dieser mündige Konsument könnte eines Tages ein neuer Unternehmertyp werden. Herr Ritter aber hat meinen Versuch abgelehnt. Betrachten Sie das hier nicht als Idee, denn kreative Ideen gibt es viele und so wichtig ist diese hier nicht. Entscheidend ist, das veränderte Verhalten, welches ich hier zuließ. Etwas was ein Mitarbeiter, ein Mangager nie tun würde. Einfach ungeschützt eine ziemlich seltsam klingende Idee zu äußern und umsetzen zu wollen. Denken Sie das noch hunderfach existenzieller, radikaler, als jeden Tag neu gelebte Haltung, explodiert eine Gesellschaft in kreativen neuen Kontexten, Verknüpfungen, Differenzen, aus denen komplexere Strukturen entstehen.

Wir sollten nicht kleinlich denken! Wer weiß was am Ende dadurch entstanden wäre? Vielleicht ein neues Geschäftsfeld. Ein Unternehmen in dem sich die Grenzen zwischen Zivilgesellschaft und Marke auflösen. Für die einen ist dieses Verhalten wirtschaftsschädigend, für die anderen der nächste Hype. Wichtig ist, wie man sich selbst dabei definiert. Das braucht Mut.

Es geht nicht darum, dass Sie jetzt einen Druck empfinden verrückt agieren zu müssen, sondern um das was abweichendes Verhalten anderer Menschen mit Ihnen macht. Wie gehen Sie damit um? Was könnte ein positiver Umgang damit bedeuten?

Möglicherweise passiert der nächste Evolutionsschritt unserer Ökonomie auf der Ebene der Identität, und weniger im Feld der Wissenschaft. Warum sollte das weniger kraftvoll einschlagen können, wie das Internet beispielsweise. Für all das fehlen uns noch Worte, Begriffe und Kontexte, aber wer wußte in den 70er Jahren schon was Email oder Vernetzung bedeutet?

Grundlagen kreativer Wirtschaften.

Vor zehn Jahren schrieb ich in meinem Buch „Gesellschaft ohne Vertrauen“ über die Suche nach den Grundlagen einer kreativen, innovativen und humanen Gesellschaft. Die meisten Zivilisationen und Kulturen neigen dazu Errungenschaften, Erkenntnisse, Werte und Kompetenzen zu betonieren, sobald sich der Mensch damit aus Unterdrückung und Unwissen befreien konnte. Darum entwickeln sich alle Zivilisationen vom Einfachen zum Komplexen, vom weniger Freien zu neuen Formen von selbstdefinierter Freiheit. Aufgrund der Grabenkämpfe zwischen konkurrierenden Gruppen, um die bessere Stellung, finden wir nicht zu einem lockereren Umgang mit Veränderung. Wir surfen nicht auf der Welle, sondern bauen Burgen, um uns vor den Wellen zu schützen, die wir als Bedrohung durch die andere Gruppe fehlinterpretieren. Dieses Problem wollte ich ergründen und dafür musste ich tiefergehend verstehen, wie die Wellen sich durch die Individuen immerzu neu ausdrücken und weshalb man diese von der Burg aus nicht erkennen kann. Man muss sich ins Chaos stürzen, riskieren zu scheitern, wie ein Idiot dazustehen, um auf was Neues stoßen und Muster erkennen zu können.

Damals identifizierte ich die sogenannten „Fixpunkte“ als Grundpfeiler natürlicher Ordnungen, die von innen heraus motiviert sind, die das kollektive Unbewusste durch das einzelne Individuum ausdrücken, um auf diese Weise Kulturen oder Märkte neu zu prägen. Dies sind keine echten Punkte, oder kleine Männchen, sondern stehen für dynamische Kräfte, in einem in sich geschlossenen System, als Veranschaulichung einer Entwicklungsdynamik. Aus den Fixpunkten bilden sich später Memes oder kulturelle Wertecodes.

Im Gegensatz zu Institutionen und Systemen können Individuen Schmerz empfinden. Darum sind sie in der Lage Abweichungen vom Stimmigen rascher und besser wahrzunehmen als Systeme, Regierungen, Organisationen. Auch wenn dies wie gesagt den beteiligten Individuen nicht immer bewusst ist. Ein großer Teil passiert durch unbewusste Prozesse. Wie eine KünstlerIn, die sich in einem Bild zum Ausdruck bringt. Der Bürger benutzt dafür seine ganze Existenz, sein Denken und Handeln, wie auch seine Krisen und Brüche. Umso mehr Subjektivität in einem System lebbar ist, umso mehr abweichende Wahrnehmung gibt es, die komplexere Ordnungsmuster abbilden und integrierbar machen kann. In einer Gesellschaft, die aber durch falsch verstandenen Zwang zum Objektiven und Objekthaften das Individuum normieren und die subjektive Erfahrung abschaffen will, kann die Realität nicht im Gesellschaftskörper, in der Kultur ausreichend klar abgebildet werden. Armut wird eben auch als Erfahrung überwiegend von außen definiert. Es gibt sehr wenige subjektiv abweichende Berichte über diesen Zustand, weil auch die Armen selbst sich irgendwann nur noch mit der Brille der offiziell definierten Armut betrachten. Indem wir das Subjektive ablehnen, sperren wir den Zugang zu Wissen und Innovation. Dieser falsch verstandene Realismus, der sich auf Härte, lineares Denken und Durchsetzung, statt auf Sensiblität, individuelle Abweichung oder Brüche bezieht, hält uns davon ab mutig neue Visionen und Träume zu formulieren, weil diese nach der „realistischen" Voreingenommenheit in der Praxis scheitern könnten. Dies macht eine Gesellschaft dümmer und gegenüber Krisen schwächer.

Man muss eines verstehen! Das Wissen der Welt ist nur darum so schwer zugänglich, weil ein Verbot des subjektiven Zuganges besteht. Denken Sie mal darüber nach!

Natürlich braucht es auch objektive Bewertung. Aber ist das am Anfang eines Prozesses nicht regelrecht kontraproduktiv?

Diese Objektivität halten wir für eine Errungenschaft der Aufklärung und der modernen Wissenschaft. Tatsächlich ginge es viel mehr um ein Gleichgewicht zwischen innerer Sicht und äußerer Sicht, zwischen Nähe und Distanz. Wer nur aus der Distanz betrachtet, sieht lediglich einen Teil und dessen Stimme bleibt unkonkret, schwach und unpersönlich. Wir brauchen genauso den Menschen, der aus der Wut, aus dem kreativen

Impuls heraus agiert, wie den, der sich von den Verwerfungen fern hält und diese von außen betrachtet.

Die von der Norm abweichende „Arme“, die vielleicht überhaupt nicht arm ist, spielt also eine zentrale Rolle auf dem Weg zur Frage, wie Wertschöpfung für mehr Menschen tatsächlich erreicht werden kann.

Wenn ein Mensch mit weniger komplexem Bewusstsein auf eine Erfahrung stößt, welche eine komplexere Ordnung offen legt, durch eine Irritation, Chaos, Regelbruch, entsteht eine Differenz, die eine Veränderungsenergie erzeugt, hin zum Komplexeren.

Wir kennen diese Erfahrung. Wir können uns etwas nicht erklären und Neugier führt uns zu den wichtigen Fragen. Dabei werden wir im Idealfall zu einem anderen Menschen. Es ist eine Form der Transformation.

Das Individuum muss nun in sich zerfallend (Lebenskrise), sich selbst in der neuen Ordnung gebären, was eine starke Anziehungskraft im Inneren erzeugt, welche als Motivation, als innerer Antrieb erlebt wird. Dieser innere Antrieb wird ausgelöst, vom Fixpunkt.

Das sind die Wellen auf denen wir reiten sollten, statt uns in den Normen und Regeln vor ihnen zu verstecken und die Überbringer neuer, schräger Ideen zu bestrafen.

Das kann bedeuten, dass jemand seinen gehassten Job kündigt und dann sieben Jahre lang nach sich selbst sucht, um schließlich ein gutes Produkt anzubieten. Das muss möglich sein, wenn wir als Menschheit weiter kommen wollen. Die Fixpunkte oder Wellen oder tiefer liegenden Motive gehorchen anderen Gesetzen, als dies eine Bürokratie oder eine zu sehr auf Effizienz gebügelte Wirtschaft gerne sehen will.

Diese Prozesse kosten zunächst viel, reduzieren aber später die Folgekosten von Alternativlosigkeit und Ignoranz.

Viele Jahre habe ich mich mit der Physik psychologischer, kreativer, sozialer Prozesse beschäftigt und ihre Formbildungsabläufe studiert. Dabei entdeckte ich für mich, wie auch andere vor mir, dass Chaos in geschlossenen Systemen, immer komplexere Ordnung hervorbringt. Krisenhafte

Entwicklungsprozesse erzeugen am Ende immer höhere Werte und Gesellschaften mit höherer Vielfalt an lebbaren Entwürfen in Wirtschaft, Kultur oder Politik. Man darf den Prozess aber nicht abwürgen, weil sonst nur Orientierungslosigkeit und Schwäche betoniert wird. Zu viel Ordnung, zu viel Konservativismus ist etwas, was Wirtschaft abwürgen kann. Ein ganz neuer Gedanke. Gerade in Deutschland. Krisen sind OK und notwendig. Was nichts anderes bedeutet als das Vorhandensein höherer Lebensformen und vielfältigerer Ökosysteme, die in Bewegung und Veränderung kodiert sind. Bewegung ist Geometrie in einer Zeitlinie. Das klingt abstrakt und ich will damit nur verdeutlichen, dass Irritation nicht bedeutet, dass keine Ordnung vorhanden ist, sondern diese lediglich noch nicht zu erkennen ist. Ordnungslosigkeit ist eine falsche Grundannahme, in geschlossenen Systemen, in denen Energie nicht entweichen kann und sich Gleichgewichte niemals in vollkommener Harmonie herausbilden können. Bewegung, Veränderung selbst ist eine Form von Ordnung. Dabei gibt es zahlreiche Faktoren, die ein lebendiges System begünstigen. Es ging mir nie darum etwas zu beweisen, sondern um die Suche nach praktischen Konsequenzen. Nach Haltungen, nach einem Verstehen, weshalb der Instinkt kreativer Menschen nicht irrt, wenn wir uns für Ungleichgewicht entscheiden, für Krisen, für Herausforderungen, weil die Folge stets, wird der Prozess nicht ausgebremst, schönere und komplexere Ordnung hervorbringt. Es gibt keinen Verlust an Energie in einem geschlossenen System. Es gibt darin kein Scheitern. Was es gibt ist aber der Verlust an Entwicklungskraft, wenn zu viel Harmonie angestrebt wird. Wenn Sie durch die Ozeane der Welt ein Schachbrettmuster von Mauern ziehen würden, gäbe es keine hohen Wellen mehr und auch keine Klimaunterschiede. Der Planet wäre praktisch tot. Das Jobcenter sollte mir für mein abweichendes Verhalten danken. Denn damit erhalte ich den Prozess der Wertschöpfung. Diese Haltung aber wird heute in Deutschland als unerhört betrachtet und bedeutet eine Revolution in unserer Vorstellung davon, was Wirtschaft und Unternehmertum sein kann und vielleicht auch sein soll.

Mein Fall zeigt, dass unternehmerische Verantwortung auch bedeuten kann bewusst pleite zu gehen, weil dies eine wirtschaftliche Krise erzeugt, aus der ein ganz neues Verständnis von Wertschöpfung hervorgehen könnte, oder es möglich macht, dass etwas Neues den Markt betritt, was nur unter hohem finanziellen Risiko schaffbar ist. Dies widerlegt die moderne Ökonomie komplett und trennt das verdienen von Geld von der Frage, was eine Volksökonomie wirklich stärkt, was Menschen tatsächlich auf ganzer Breite ernähren kann. Erst wenn Manager entscheiden ihr Unternehmen zu zerschlagen, weil es beispielsweise der Gesellschaft als Marktführer schadet, was für fast alle großen Konzerne zutrifft, kann von zeitgemäßem, verantwortungsvollen Management gesprochen werden. Vielfalt, Unmittelbarkeit und Differenzierung sind die Perspektiven, die uns krisenfest und kreativ machen.

Die Angst vor Entwicklung.

Aber wie gehen wir hier mit dem Sicherheitsbedürfnis der Menschen um? Der Profilneurose, die stets das große Ding will, den Konzern, die Sieger, die Besten und Erfolgreichsten.
Innere Sicherheit ist möglicherweise wertvoller als äußere Sicherheit. Die Natur unterstützt äußere Sicherheit nicht dauerhaft. Auch der stärkste Löwe fällt irgendwann vor Altersschwäche um. Der Mensch befreit sich zwar historisch immer in Richtung Komplexität und Freiheit, strandet aber dann stets im Bedürfnis nach Sicherheit und Stabilität des Status Quo. Dieser Glaube an die äußere Sicherheit ist nicht völlig unberechtigt und bietet eben auch Schutz für Entwicklungsprozesse, die in turbulenten Umfeldern sonst gegebenenfalls nicht möglich wären. Man denke nur an den Schutz, der Kindern zukommt.
In zu geordneten Gesellschaften ist es schwerer inneres Selbstvertrauen zu entwickeln. Darin stemmen wir uns gewissermaßen gegen Wandel, gegen den Tod, bleiben Kinder und wollen nicht akzeptieren, dass Vergänglichkeit der Lebendigkeit dient. Könnten wir Vertrauen in die Prozesse des

Lebens haben, die jeder Mensch durchmacht, wären wir vielleicht auch offen für die darin liegenden Chancen und Einblicke.

In „Gesellschaft ohne Vertrauen“ stellte ich den Verdacht in den Raum, die inneren Motive der Individuen trugen in sich, ausgelöst von Resonanz und Ungleichgewichten, Formbildungsprozesse, über die wir sehr wenig wissen. Ließe man nur genug kreative Freiheit zu, entstünden höher entwickelte Ordnungsmuster, die sich in clevereren Philosophien, Produkten, politischen Strukturen, künstlerischen Arbeiten oder industriellen Innovationen ausdrücken würden. Durch die Individuen hindurch, unbewusst und als Lösungsinformation, um dann in der Kultur des Dialoges bewusst gemacht zu werden. Das versuche ich in meiner Arbeit, wenn ich Firmen konfrontiere. Beispielsweise bewarb ich mich kürzlich aus der Position des Hartz-IV-Empfängers, als neuer Intendant des ZDF, um mit den Prozeduren und Traditionen der Jobvergabe zu brechen und aufzuzeigen, dass wir in unserer Gesellschaft eben nicht jeden Job bekommen können, was ein Problem ist, wenn es um Fortschritt und Kreativität geht. Weil nur ein System, welches uns zu überraschen vermag, ein lebendiges System ist. Daraus entsteht gerade ein interessanter Prozess, der den Leuten beim ZDF natürlich zunächst nicht gefällt, der aber das System ein wenig kitzelt und dabei unbewusste Informationen sichtbar macht. Um soweit vorzudringen, muss ich mich selbst angreifbar machen. Ich muss bereit sein selbst dumm dazustehen und auch meine Schwächen zu offenbaren. Das ist ein kreativer Tanz, eine Art Trance zwischen Individuum und System. Wir alle müssen dafür ein Stück weit loslassen, gewinnen aber am Ende durch Integration der Perspektiven des jeweiligen Gegenübers. Von außen sieht das bedauerlicherweise nicht so aus, als bemühe ich mich ernsthaft um Arbeit, führte sogar zu offenen Anfeindungen in der kleinen Gemeinde, in der ich derzeit lebe. Tatsächlich arbeite ich wie ein Bär am ZDF, bringe mich mit unendlich vielen Nerven, Schweiß und Verzweiflung ein. Das ist hartes Management, hartes Verhandeln und strategisches Vorgehen.

Natürlich hat niemand mich darum gebeten. Es ist Zeit sich von der Vorstellung zu verabschieden, Eigenverantwortung ginge

nur, indem man einen ausgeschirebenen Job annimmt und bei Einstellung die Befehle eines Vorgesetzten befolgt. Modernes Leadership bedeutet Fehler zuzulassen und auf die Bewegung, auf den Prozess zu setzen. Warum soll nicht jeder, der es wirklich will, auch Intendant des ZDF werden können? Notfalls haben wir mehrere Intendanten. Wo liegt das Problem? Ist es nicht für eine Wirtschaft sinnvoller, wenn man tatsächlich versucht scheinbar Unerreichbares zu erreichen und dabei Hindernisse sichtbar werden, die wir vielleicht nicht mehr brauchen oder selbst absurd finden?
Ein wenig Humor braucht es natürlich auch.

Niemand wird einem je die Erlaubnis für abweichendes Verhalten, Fühlen, Denken geben. Das kann nur das Individuum selbst. Damit können die Armen beginnen.

Wie Sie sehen macht mein „Fehlverhalten" die Strukturen sichtbar. In ihren Schwächen und Stärken. Indem ich die Kontrolle loslasse, kann sich durch mich etwas ausdrücken, was sonst unsichtbar bliebe. Indem ich mich wie ein Amateur verhalte, ermögliche ich eine neue Form von Leadership und Organisationsmanagement. Natürlich ist es schwer dafür eine Bezahlung zu erwarten, dass man stört und ergebnisoffen vorgeht. Es wäre aber vielleicht richtig. Was hier geschaffen wird, sind neue Werte. Ein schrittweiser Umbau der Industrie, durch die Individuen hindurch. Die Bill Gates und Richard Bransons von Morgen, tun vielleicht genau das.

Die wünschenswerte Solidarität der Arbeiter mit den Arbeitslosen.

In der Ignoranz gegenüber den Armen versteckt sich die Entwertung der Arbeit. Stünden die Arbeiter auf, um sich vor die Armen zu stellen, könnten sie den Eigentümern Veränderung diktieren. Indem sie die Armen verachten, weil diese scheinbar nicht wie sie hart schuften, ihnen sogar vorwerfen von ihren Steuergeldern zu leben, spielen sie den Kapitalisten in die Hände, die schon bald auch die fleißigen Arbeiter weiter in Richtung Armut treiben, sie jederzeit mit dem Elend erpressen können.

Denn erst dadurch kann man auch ihre harte Arbeit zunehmend entwerten, bis sie noch mehr und noch mehr arbeiten müssen, um ihre Kinder zu ernähren. Man führt einfach immerzu neue Kriterien ein, auch Zertifikate oder Beurteilungen genannt, die das Abspalten von noch mehr Arbeitern in Richtung Armut ermöglichen.

Eine Revolution von unten ist möglich, wenn die Arbeiter sich mit den Armen solidarisieren. Die intelligenten und mutigen Manager würden dann auch rasch erkennen, das dies die Grundlage für deutlich stärkere Unternehmen bieten würde, eine Kraft freisetzt, die viele Unternehmen heute noch nicht kennen, in denen Menschen wie in Legebatterien Arbeit simulieren und Auseinandersetzung, echtes Engagement aus Angst vor Ausgrenzung und möglichen Fehlern scheuen. Darum jenes Mittelmaß leben, welches in fast jedem Büro heute zu finden ist. Keine Höhen und keine Tiefen. Nur jeden Tag derselbe Alltag, in dem die Toleranzen für Abweichung zunehmend geringer werden. Vielleicht übertreibe ich?

Um sich daraus zu befreien müsste an den inneren Hemmnissen, den falschen kulturellen Prägungen, Verboten und blinden Flecken gearbeitet werden. Etwas, was in einer am Materialismus orientierten Welt eher gegenteilig passiert. Weltbilder werden heute standardisiert, durch Medien und Globalisierung vereinheitlicht, was die Menschheit in ihrer strukturellen Intelligenz, in ihrem kollektiven Unbewussten verstummen, ja verarmen lässt.

In der Praxis liegt das große Problem darin, dass die unangepasste IndividualistIn, die sich in Wahrheit einer höheren Ordnung anpasst, statt sich in eine primitivere zu zwängen, in der sie nicht als ganzer Mensch überleben könnte, von den Strukturverteidigern in Wirtschaft und Bürokratie als Feind der Ordnung, als kreative Terroristin verfolgt und möglichst verhindert wird. Diese Vermeidung der Überbringer neuer Fixpunkte, neuer Orientierungspunkte komplexerer Ordnung treibt Künstler, Andersdenkende, Menschen, die sich nicht normgerecht verhalten in die Armut, wo sie noch weniger gehört werden. Eines der großen Paradoxien der modernen Arbeitswelt.

Wer Kreativität simuliert wird akzeptiert, wer kreativ ist, muss gehen.

Obwohl ich noch immer derselbe Mensch bin, der noch vor wenigen Monaten auf großen Bühnen zu Managern über Innovationsentwicklung sprach, werde ich von den selben Leuten nun nicht mehr eingeladen, weil ich verarmt bin und darum den Status gefährde. Während ich zuvor wegen meiner Arbeit Anerkennung fand, muss ich mich nun von Sachbearbeitern des Jobcenters wie ein unwissendes Kind behandeln lassen. Was ist weniger geworden? Nichts, außer meinem Budget. Mein Mut, meine Kompetenz, mein Wissen haben sich in der Krise vermehrt.

Seit ich verarmt bin, bin ich empathischer, sensibler, wacher, mutiger und entschlossener. Aber es fällt mir unglaublich schwer mich in eine Struktur einzugliedern, die ich glaube als falsch, dumm, schwach und menschenverachtend durchschaut zu haben. Was ist falsch daran? Bin ich darum ein schlechterer Mensch?

Stellen Sie sich vor Sie müssten unter 12-Jährigen arbeiten! Vermutlich kommt es Ihnen manchmal vor, als arbeiteten Sie unter 12-Jährigen. Natürlich fallen Sie denen irgendwann ins Wort und sagen: „Lass doch mal die Erwachsenen reden! Du bist 12. Du kannst nicht der Bestimmer sein, nur weil wer festgelegt hat, dass 12-Jährige die Welt beherrschen sollen, weil sie vielleicht jung und dynamisch sind und 100m in kürzerer Zeit laufen können. Es mag ja im Gesetz stehen. Es mag sogar für Blinde moralisch richtig erscheinen, aber verdammt, ich stelle jede Kooperation sofort ein."

Das mag arrogant klingen, aber die ganze Leistungsgesellschaft ist arrogant. Wenn Sie einen Augenblick annehmen, Sie hätten das verdient, was Sie verdienen, sind sie gegenüber den Armen unglaublich arrogant!

Akzeptieren Sie bitte, dass es Versagen nicht gibt, weil die Natur vom abweichenden Ergebnis ihre Entwicklungsenergie bezieht. Ohne Ungleichgewicht keine Bewegungsenergie. Die Differenz zwischen dem einen und dem anderen Zustand erzeugt das Ungleichgewicht, welches das Negative ins Positive, das Warme ins Kalte, das Laute ins Ruhige lenkt, treibt, motiviert, wirft oder fallen lässt. Und umgekehrt. Daraus entsteht Bewegung.

Eine Ökonomie des Unfertigen anstreben!

Darum ist es vernünftiger, weiser, intelligenter eine Wirtschaft anzustreben, die auf Prozessen beruht und nicht auf Ergebnissen. Teilhabe muss honoriert werden, nicht das Fertige, das Abgesicherte, die feste Aufgabenstellung. Es braucht eine Ökonomie, die das Unfertige dafür aber Lebendige anstrebt, anstelle des Profis, des Marktführers, des Besten oder Teuersten. Das klingt paradox, aber darin liegt eine tiefe Wahrheit. Nur der lebendige Organismus der Wertschöpfung kann die Menschheit dauerhft und nachhaltig ernähren. Niemals die Dominanz der festen Marken, der dominanten Produkte, der auf Status gebauten, rein materialistischen Wirtschaft. Diese ist eine Form der Ausbeutung, eine Form des Aufstauens von Lebensenergie, zu Gunsten einer immer kleiner werdenden Gruppe von Leuten, für die der Kapitalismus scheinbar noch funktioniert.

Ohne Saat keine Ernte. Das Problem ist, dass die Saat zu oft ausfällt, weil sie Zeit und Geld kostet. Menschen in Wohlstand sind gesättigt und haben keine Vorstellung was Saat sein könnte. Diejenigen, die durch realistische Krisen gehen, wissen, was sie säen könnten, dürfen es aber nicht. Kreative Menschen säen pausenlos, während andere nur ernten. Daran sollte sich etwas ändern!

OK! Wie funktioniert Wirtschaft auf der Basis offener Prozesse? Warum fallen wir dann nicht in Anarchie und niemand räumt mehr den Müll weg?

Zunächst eine Frage: Mit welchem Recht fordern Sie von einem ergebnisoffenen Prozess, sich vorab unter denselben Kriterien der Nützlichkeit zu rechtfertigen, wie Sie es gegenüber einem Produkt oder einer Dienstleistung tun? Gibt es einen schlechten Prozess?

Es gibt einen verhinderten Prozess.

Aber gibt es einen schlechten Prozess?

Nein. Weil Prozesse solange fortgeführt werden, bis es sich stimmig anfühlt.

Haben Sie Angst dabei zu verlieren?

Ja.
Können Sie in einer Welt, die den Prozess über das Ergebnis stellt, verlieren?
Nein. Weil jedes scheinbare Scheitern ein neuer Anfang ist.
Wie wird Arbeit hier erledigt? Notwendige Arbeit, wie Rettungswagen fahren oder an der Supermarktkasse das Band bedienen?
Warum denken Sie, dass in einer Welt, in der sich alles um Prozesse dreht, wichtige Dinge übersehen werden oder nicht beachtet? Sterben nicht mehr Menschen, weil wir darauf vertrauen, dass Produkte das tun, was Sie häufig nicht tun? Weil wir feste Ergebnisse erwarten, statt auf die lebendigen Abläufe zu achten? Produkte sind immer eine Lüge. Prozesse sind ehrlich. An Prozessen sind viele verschiedene Menschen aus allen denkbaren Professionen und mit Erfahrungswerten beteiligt, so dass es wert ist, dem zu vetrauen. So könnte es klingen: Ich weiß nicht genau, ich probiere mal. Vielleicht hast Du eine Idee. Ach schau, da passiert was, worauf man reagieren sollte. Diesmal anders als gestern, hier anders als dort Deine Erfahrung erlaubt einen anderen Blick, etc. Indem man Prozesse aus der Wertschöpfungskette verdrängt hat und nur mit Produkten, aber nicht mit Prozessen gehandelt wird, funktioniert vieles in unserer Gesellschaft sehr schlecht. Da wir von einem statischen Universum ausgehen, während wir unser Verhalten aus Verzweiflung zunehmend den Produkten anpassen. Das ist ein Innovationskiller. Das ist ein Fortschritt, der die Freiheit reduziert.

Ist es Ihnen schon aufgefallen, dass die modernen Computer in erster Linie unser Verhalten verändert haben und es für uns kaum eine Möglichkeit gibt, in partizipationsfernen Industrien, in einem offenen Prozess individuelle Lösungen zu entwickeln, die zu mehr Vielfalt, mehr Arbeitsplätzen, mehr Wohlstand führen würden? Stattdessen dominieren wenige Unternehmen alles. Sie dominieren unsere Zukunft. Weil wir die Produkte über die Prozesse stellen! Wir belohnen nicht Lebendigkeit, sondern Stillstand und Status, den wir im Marketing „Erfolg“ nennen. Darum forderte ich bereits vor zehn Jahren, das

Wirtschaftswachstum als Kriterium müsse gegen die Gestaltungskraft ersetzt werden. Was ein Volk in der Breite und Freiheit der Bedürfnisse und individuellen Visionen gestalten kann, ist entscheidend, weil Wachstum auch ohne einen Großteil der Bevölkerung passieren kann. Wachstum ist also kein Maßstab für ein gutes Leben, von dem die Breite der Bevölkerung profitiert.

Wir bejubeln Großkonzerne dafür, dass sie Entwicklungsprozesse verhindern, indem sie die Konkurrenz ausschalten, statt Zusammenarbeit zu ermöglichen. Wer zum Global Player wird hat bei genauer Betrachtung zuvor Vielfalt zerstört und damit die Volkswirtschaft geschwächt. Von den Steuern, die sie dann nicht zahlen, will ich überhaupt nicht reden. Das sind Piraten, aber keine verantwortungsvollen Leader.

Ohne Herbst und Winter keinen Frühling. Sicherheit ist Lüge. Status ist Lüge. Gewinn ist Lüge. Verlust ist Lüge. Nur Veränderung ist Wahrheit.

Nur eine Maschine kann nicht funktionieren. Ein Mensch ist im Zweifel schlicht komplexer als die Absicht oder Erwartung des Betrachters es in einer linear strukturierten Welt gerne hätte.

Die Sucht nach Harmonie überwinden lernen!

Der Ruf nach den Heilsbringern ist wieder überall zu hören. Darauf kann ich nur antworten, dass Orientierung sich aus bewusst durchlebten Konflikten ergibt, nicht aus Vermeidung. Ich beobachte, wie viele Menschen sich nach dem großen „Wir“ sehnen, nach einem Aufgehen im Monster des bescheidenen, bürgerlichen Glücks, mit kommerzialisiertem, ökologisch zertifiziertem Profil der Harmlosigkeit. Das kann ich verstehen, weil ich diese Gefühle auch kenne. In diesem großen „Wir“ gibt es nur ein Weltbild und nicht viele. Dass es ein gutes Weltbild sein soll, macht die Sache nicht weniger beängstigend. Dieses gute Weltbild irritiert nicht. Das Leben wird einfacher.

Was versuche ich mit meiner neuen ArbeiterIn? Was entwickle ich für eine neue Form der Wertschöpfung? Was bedeutet diese in der Praxis. Hier ein Beispiel.

Im Sommer 2010 drohte ich vor der Weltzentrale der Firma Red Bull einen Stier zu töten, um die Menschheit wach zu halten. Ich wollte aus der Blutlake die Marke Red Bull neu erfinden, im Sinne des Menschen. Natürlich wollte ich den Stier nicht wirklich töten. Es ging um den Prozess. Darum herauszufinden was passiert, wenn wir uns als Individuen ungefragt in die Wirtschaft einbringen. Mit ganz eigenen Ideen und Haltungen. Wenn der Prozess immer OK ist, spielt es keine Rolle mehr, ob jemand kompetent ist oder inkompetent, richtig oder falsch. Es gibt keinen Hinderungsgrund, weshalb ich nicht als neue ArbeiterIn an Red Bull arbeiten sollte. Also machte ich es einfach. Als neue ArbeiterIn. Es war ein Innovationsprogramm. Ungebeten. Selbstbeauftragt.

Ein Ergebnis daraus ist der Roman „Stieren des Weltdesigners“, der kürzlich veröffentlicht wurde, sowie dieser Essay über die Stärke in der Armut.

Von Außen betrachtet sieht das, was ich da getan habe und mit anderen Firmen noch immer tue, latent wahnsinnig aus. Es gehört sehr viel Mut dazu, durch all die juristischen und emotionalen Verwerfungen zu gehen, die ein solches Unternehmen auslösen.

Warum habe ich das getan? Hätte ich nicht einfach nett fragen können, ob die von Red Bull mich mitmachen lassen? Weil ich vielleicht auch ein Teil der Wirtschaft bin und nicht nur Konsument. Ich meine, ihre Getränkedosen dominieren jeden Supermarkt, den ich betrete. Red Bull drängt sich in meine, in Ihre Realität, mit größter Selbstverständlichkeit, und legt fest wie die Beziehung zwischen Red Bull und uns sich zu verhalten hat. Sie kaufen und die verkaufen. Mitreden ist nicht.

Ich kam da als Mensch hin. Nicht als Mitarbeiter. Ich dachte mir, wenn die neue ArbeiterIn mehr sein soll als ein reduzierter Mensch, muss man als Mensch an was arbeiten. Mit all den eigenen Vorstellungen und Visionen. Das ist doch nicht falsch! Ungewohnt, befreiend, revolutionär und kreativ, aber nicht falsch! Störung ist Liebe. Liebe ist Wertschöpfung.

Neulich habe ich die Firma Bionade darüber informiert, dass ich demnächst nichts mehr zu Essen habe. Sie haben darauf nicht reagiert. Ich wollte von ihnen kein Geld haben, sondern nur einen Dialog. Eine Neuverhandlung unserer gegenseitigen Beziehungen innerhalb dieser Wirtschaft. Immerhin verkaufen sie sich als verantwortungsvoll und ökologisch. Doch wurde von Seiten der Geschäftsleitung geschweigen. Weil diese Beziehung natürlich komplex ist und es einfacher ist sich dem zu entziehen. Noch.

Weil zu viele Menschen sich wie Mitarbeiter verhalten und nicht wie kreative Menschen mit Bedürfnissen und Visionen auf denen neue Märkte beruhen.

Darum schreibe ich jetzt an einem Roman mit dem Titel: „Mahnmal Now. Bionade ließ ihn verrecken.“ Und ich biete einen Dialog und Austausch an. Wir werden sehen, was dabei für ein spannender Prozess entsteht.

Es gab einen Moment, in der Arbeit an Red Bull, in dem die Leitung gespalten war, zwischen dem Menschsein und der Rolle als Manager oder Anwalt. Red Bull als Mensch wollte sich dem Prozess öffnen. Die Funktion musste um jeden Preis verhindern, dass ich öffentlich die Marke in Bewegung versetze, mit unbekanntem, unkalkulierbarem Ausgang.

Natürlich ist diese Arbeit auch verstörend, provokant und ich kann manchmal auch mitfühlen, wie schwer es für die beteiligten Führungskräfte sein muss, darauf angemessen zu reagieren. Trotzdem halte ich diese Arbeit für wichtig. Es ist notwendig die Grenzen zwischen Konzernen, dem Menschen, dem Fremden, dem Neuen und Subjektiven aufzubrechen. Diese „systemkreative“ Auseinandersetzung erweitert die Möglichkeiten, weil dadurch eine Differenz geschaffen wird, was nichts anderes ist als die Aufforderung zum Dialog, zu dem was Kultur ausmacht. Gerne beansprucht der Manager für sich die „ernste Sache“, die Schwere der Verantwortung und lehnt darum meine scheinbare Spielerei ab. Aber warum sollte ich aus Spaß riskieren, nichts zu Essen zu haben? Weil ich das lustig finde? Ernsthaftigkeit drückt sich nicht immer in dunklen Anzügen aus. Der Wert ist nicht immer im vorgespiegelten Status erkennbar. Die Zeiten sind vorbei, in denen Firmen sich vom Rest der Gesellschaft abgrenzen konnten, um nicht nach ihrer Mitverantwortung gefragt zu werden. Freiwillig werden sie sich nicht öffnen. Auch hier haben die Armen einen sehr mächtigen Hebel, wenn Sie nur ihr Wissen erkennen, den Wert ihrer Realität und sich den Raum nehmen, den sie selbst brauchen, um wertvoll zu sein. Ich weiß, dass ich hier sehr viel erwarte und diese Entwicklung kann Jahrzehnte benötigen. Es ist verdammt schwer und ich muss mich selbst immer wieder motivieren, um nicht zu verzweifeln.

Die Verbrechen unter Hartz IV und den neuen Sparmaßnahmen in Europa.

Ich möchte vor diesem Hintergrund ein letztes Mal auf Hartz IV eingehen und die Verbrechen, die unter dem Deckmantel der europäischen Sozialsysteme und anderer angeblicher Hilfsprogramme an der Menschheit begangen werden.

„Es gibt kein Hartz-IV-Gesetz", sage ich: „Es gibt nur Menschen, die Angst vor Konsequenzen haben." Da weder die Bundesministerin Andrea Nahles, noch das Jobcenter die Eier besitzen, mich öffentlich verhungern zu lassen, ist das Spiel für sie gelaufen. Sie haben keine Macht über den kreativen und lebendigen Menschen. Es ist Zeit den Armen ihre Würde zurückzugeben und ihre Kultur zu akzeptieren. Es ist Zeit gemeinsam Gesellschaft zu gestalten.

Es können die Kunstfreiheit und Hartz IV nicht zur gleichen Zeit, in der selben Gesellschaft existieren. Entweder es ist richtig und notwendig, dass ich als Künstler die Strukturen hinterfrage und unangepasst agiere, weil Reibung die Gesellschaft voran bringt, oder 2000 Jahre Kulturgeschichte waren sinnlos. Eine Frage die wohl kaum vom Jobcenter Teltow Fläming entschieden wird.

Wenn Sie heute nach der Lösung eines Problems fragen, erhalten Sie fast überall dieselbe Antwort. Das ist das Problem. Krisen sind deswegen global, weil wir zu viel Gleichschaltung in unseren Köpfen und in den Strukturen haben. Auch im Kapitalismus, wo die Weltbilder von den Produkten erschaffen werden und nicht mehr in demokratischen Entscheidungsprozessen.

Hat jemand hier ein anderes Weltbild als dort, kann keine Krise dieser Welt sich jemals soweit ausbreiten, dass daraus globale, politische Systeme entstehen, die natürlich ungerecht sind. Demokratie hat eine Größenbeschränkung. Umso kleiner eine Demokratie, umso lebendiger, unmittelbarer und lokaler kann sie sein. Die Größe von Strukturen ist der Maßstab ihrer Ungerechtigkeit und Lebensfeindlichkeit, ja ihres Realitätsverlustes. Weil Unmittelbarkeit und Individualismus darin nicht sein dürfen, sie den reibungslosen Betrieb lahmlegen würden. Gerechtigkeit ist nur dort möglich, wo der Einzelfall auch tatsächlich unmittelbar erkannt und in dessen Vielschichtigkeit wahrgenommen werden kann. Das ist Realismus, nicht Idealismus.

Für den Einzelnen bedeutet dies eine eigenwillige IndividualistIn zu werden, die ihrer eigenen Wahrnehmung vertraut und zu dieser steht. Die in der bewussten Beziehung mit Anderen und dem Umfeld Beziehung erarbeitet. Unangepasstheit ist hier Verantwortung. Aufschrei ist hier Liebe. Kreativer Widerstand ein Angebot an die Gemeinschaft.
Zu funktionieren ist Ignoranz. Zu gehorchen bedeutet die Schwächsten ihrem Schicksal zu überlassen. Wegzuschauen ermöglicht die Herrschaft der dümmlichen Strukturen, welche in ihrer menschenverachtenden Routine immer mehr Lebensraum zerstören und die Integrität des Menschen schwächen.

Die hysterische Hetze und Verfolgung von Hartz-IV-Empfängern, die wir dieser Tage in Deutschland erleben, illustriert deutlich, wie eine Gesellschaft den Armen jedes Mitspracherecht, jede Äußerung von abweichenden Wahrheiten verbietet und dadurch die Wertschöpfungskräfte selbst abwürgt. Hartz IV ist das Ergebnis wirtschaftlicher und politischer Inkompetenz, oder erheblicher krimineller Energie, im Sinne der Absicht der Ausbeutung und Enteignung breiter Schichten der Bevölkerung. Indem die Politik den Armen ihre Rechte nimmt, verhindert sie einen realistischen Blick der vielleicht offenbaren würde, dass die Situation nicht alternativlos ist, sondern uns lediglich alternativlos erscheinen soll. Was wir miterleben ist auch der mögliche Übergang von der Industriegesellschaft zu einer neuen Form der soziokulturellen Revolution. Ein Fortschritt, der durch ein verändertes, kulturelles Bewusstsein entsteht. Der Ursprung des Verhaltens wird in den Lebensumständen entdeckt, nicht im Charakter und im Makel des Individuums. Das Management der Lebensumstände, der Lebenswirklichkeiten als Entwicklungsimpuls für neues Verhalten wird wichtig und in der Bedeutung anerkannt. Was die Kultur, sowie die Arbeit an der Kultur, bei der Frage nach der Überwindung der Armut, zur ersten Priorität machen würde. Etwas was wir nicht den Firmen überlassen dürfen, die mit Hilfe ihrer Produkte unsere Kultur prägen.

Es ist wichtig Reissäcke zu den Armen zu transportieren. Nicht weniger wichtig ist es an der Armut in den Köpfen vieler Menschen im scheinbar reichen Westen zu arbeiten.

Das Ende der Komplexitätsreduzierung.

Kein Produkt, von der Milchpackung bis zum Auto, wird in der Berechnung ihres Wertes, ihrer Bedeutung und Rolle für die Gesamtwirtschaft derart isoliert betrachtet wie Menschen in Armut. Würde das Existenzrecht einer Milchpackung mit den Normen moderner Sozialsysteme betrachtet, gäbe es keine Milch mehr, weil die Kuh Gras frisst oder weil der Transport Geld kostet. Alle Faktoren würden ausgeblendet, bis auf das Verhältnis zwischen unmittelbaren Kosten und unmittelbarem Gewinn. Vom Armen wird erwartet, was selbst Top-Manager niemals erreichen. Den sofortigen Gewinn. Ohne Risiko und augenblicklich. Wenn sie das nicht schaffen, sind sie wirtschaftlich inkompetent und müssen entmündigt werden. Im Armen wird die Komplexität moderner Wirtschaft auf den Stand der Steinzeit zurück geworfen, wo Nahrung gleich Existenz bedeutete und Arbeit gleich Nahrung.

Selbst das Existenzrecht einer Milchpackung bezieht sich auf einen komplexen und vielschichtigen Kreislauf, mit direkten und indirekten Auswirkungen und vielschichtigen Bedürfnissen und Märkten. Der Arme aber darf sich auf diese Komplexität, die gerade höheren Lebensformen eigen ist, nicht beziehen. Den

Armen wird verboten, sich selbst als Teil der wirtschaftlichen Kreisläufe zwischen Erfolg und Misserfolg, zwischen Wagnis und Gewinn, zwischen Säen und Ernten zu verstehen. Als gäbe es Gewinn ohne Verlust. Als existiere die ideale Milchpackung, die nur Bedürfnisse befriedigt und den Wohlstand vermehrt. Die keine indirekten, positiven und negativen Auswirkungen auf Umwelt, Gesundheit, das Leben von Bauern, die Energiepreise usw. erzeugt.

Sobald die Armen von der Schuld befreit werden, kann die konstruktive Prozessarbeit in Wirtschaft und Gesellschaft beginnen. Dafür stehen bereits viele fruchtbare Tools, Ansätze, Haltungen und Methoden bereit. Sowohl die Sozialwissenschaft, die Friedensforschung, wie auch die moderne Kybernetik oder das systemische Denken ermöglichen Hebel für brauchbare Antworten. Verbindet man diese mit der kreativen Kraft der Kultur, die dann ihr Existenzrecht nicht mehr rechtfertigen muss, haben wir wieder eine starke Entwicklungsdynamik. Ich selbst habe mit einem Managerberater zusammen einen methodischen Ansatz (Inner Flow Management) entwickelt, der es ermöglicht mit komplexen Situationen zu arbeiten, ohne die Vielfalt in einem System vorher reduzieren zu müssen. Was dagegen im klassischen Management stets der Fall ist und stets auch zu weiteren Entlassungen und Reduktion von Einfluss der einzelnen ArbeiterIn führt. Das wäre eine Form von Leadership ohne Profilneurose, Abspaltung und Entwertung.

All das kann nicht passieren, solange die Armen in uns drinnen nicht zu selbstbewussten Armen werden, wir nicht in ihnen die Projektionen entlarven, die wir fürchten und die Menschen dahinter sehen, die wir bisher schlicht missverstanden haben.

Das ist mein Wunsch. Dafür will ich meine ganze Arbeitsleistung investieren. Meine Stimme sollte als eine von vielen, wie auch die Ihre, gehört werden.

www.timothy-speed.com